용선생 처음 한국사 1

선사 시대~조선 전기

글 사회평론 역사연구소
그림 뭉선생, 윤효식 | 캐릭터 이우일

사회평론

차례

1 우리 역사의 시작

1. 우리 역사 첫 나라 고조선 … 10
2. 고구려, 백제, 신라와 가야가 세워지다 … 20
3. 삼국이 한강을 두고 다투다 … 30

정리왕 40
역사야 놀자 42

2 남쪽의 신라와 북쪽의 발해

1. 신라가 삼국을 통일하다 … 46
2. 통일 신라의 발전된 문화 … 56
3. 동아시아의 강대국 발해 … 66

정리왕 74
역사야 놀자 76

3 세계와 교류한 고려

1. 고려가 후삼국을 통일하다 … 80
2. 여러 나라와 교류하다 … 88
3. 혼란에 빠진 고려 … 98

정리왕 108
역사야 놀자 110

4 양반의 나라 조선

1. 조선이 세워지다 … 114
2. 양반이 조선의 주인공이 되다 … 124
3. 임진왜란과 병자호란이 일어나다 … 134

정리왕 144
역사야 놀자 146

정답 및 풀이 148

우리는 이제 아주 먼 옛날로 떠날 거야. 그리고 지금까지 사람들이 살아온 이야기를 살펴볼 건데, 이런 이야기를 '**역사**'라고 해.

역사는 엄~~~청 오랜 시간에 걸친 이야기야.

그래서 시간을 백 년 단위로 쪼개서 '**세기**'라고 불러.
1~100년은 1세기, 101~200년은 2세기 이런 식으로 말이야.
이성계가 조선을 세운 1392년은 14세기가 되겠지. 그럼 지금은 몇 세기일까?
그래 바로 21세기야. 이 때 기준이 되는 1년은 '**기원**'이라고 해.
그리고 그보다 앞선 때를 '**기원전**'이라고 하지.

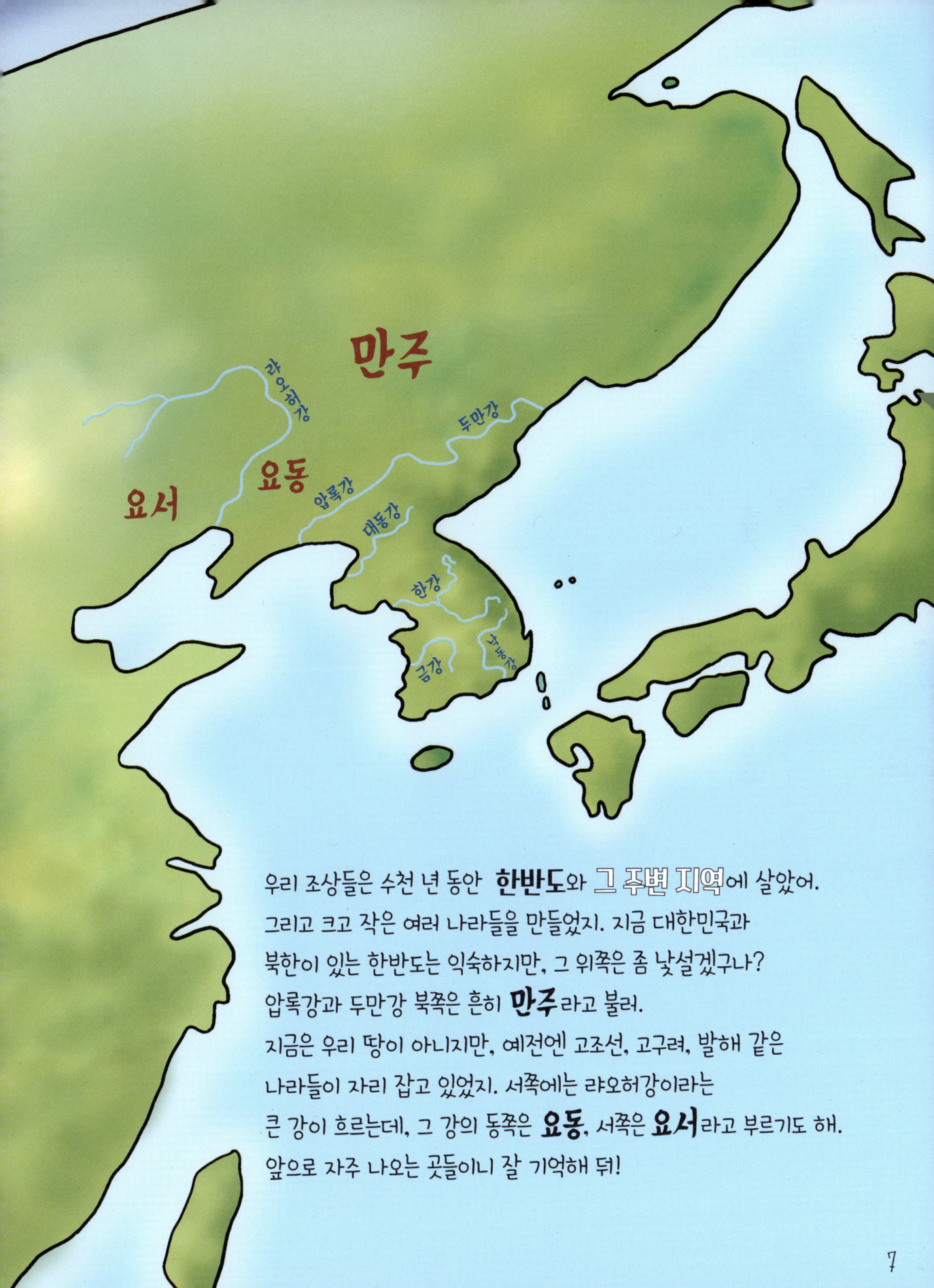

우리 조상들은 수천 년 동안 **한반도**와 그 주변 지역에 살았어.
그리고 크고 작은 여러 나라들을 만들었지. 지금 대한민국과
북한이 있는 한반도는 익숙하지만, 그 위쪽은 좀 낯설겠구나?
압록강과 두만강 북쪽은 흔히 **만주**라고 불러.
지금은 우리 땅이 아니지만, 예전엔 고조선, 고구려, 발해 같은
나라들이 자리 잡고 있었지. 서쪽에는 랴오허강이라는
큰 강이 흐르는데, 그 강의 동쪽은 **요동**, 서쪽은 **요서**라고 부르기도 해.
앞으로 자주 나오는 곳들이니 잘 기억해 둬!

1 우리 역사의 시작

짐승에 가까웠던 인간은 도구를 쓰며 발전했어.
사람들의 무리가 모여서 차츰 하나의 나라가 되었지.
단군왕검은 우리 역사 최초의 나라인 고조선을 세웠어.
고조선에 이어 세워진 고구려, 백제, 신라, 가야는
서로 경쟁하면서 발전해 나갔어.

구석기 시대

신석기 시대

청동기 시대

1. 우리 역사 첫 나라 고조선
2. 고구려, 백제, 신라와 가야가 세워지다
3. 삼국이 한강을 두고 다투다

단군왕검이 고조선을 세우다

삼국이 경쟁하며 발전하다

이 단원에서 배울 단어

구석기 시대, 신석기 시대, 청동기 시대, 군장, 고인돌, 노비, 연맹, 왕권, 불상, 개마 무사

1. 우리 역사 첫 나라 고조선

사람이 태어나다

지구에 사람이 살기 시작한 때는 언제부터일까? 무려 390만 년 전이야. 어마어마~하게 먼 옛날이지? 사람은 처음엔 원숭이와 매우 닮았었어. 하지만 시간이 지나면서 점차 지금의 모습으로 변해 왔지.

꼬르륵~ "휴, 배고파. 어디 먹을 것 없나?" 사람은 다른 동물들처럼 자연에서 먹을 것을 찾아 돌아다녔어. 그런데 자연에는 사람보다 훨씬 힘세고 무서운 동물들이 많았지. 하지만 사람은 다른 동물에게 없는 **특별한 점**이 있었어. 그게 뭐냐면…

깨진 돌도 쓸모가 있다

바로 도구를 만들어 사용했다는 거야! 처음엔 그저 돌을 **탁** 깨뜨려 간단한 도구를 만들었어. 하지만 단순한 모양이라고 무시하면 안 돼. 이걸로 짐승 사냥도 하고 나무 열매도 따 먹었거든. 그렇게 **돌을 깨뜨려** 도구를 만들던 때를 **구석기 시대**라고 해. 사람들은 무리를 지어 동굴에서 지내다 주변에 먹을 게 떨어지면 먹을 것을 찾아 이동했지. "킁킁, 이게 무슨 냄새야?" 우아, 저길 좀 봐. 사냥해 온 멧돼지를 먹음직스럽게 굽고 있어!

주먹도끼
돌을 깨뜨려 만든 뗀석기야. 한 손에 쥐고 사냥을 하거나 고기를 자를 때 썼어.

날카롭게, 더 날카롭게!

다시 오랜 시간이 지나 사람들은 돌을 갈아서 만든 간석기를 사용했어. 이때를 **신석기 시대**라고 해. 돌을 날카롭게 갈아서 화살을 만들거나, 짐승의 뼈로 바늘을 만들어 옷을 지어 입기도 했지. 사람들의 패션 감각도 좋아진 것 같지? 게다가 어느 날 사람들은 한 가지 놀라운 사실을 깨달았어.

"씨앗을 땅에 심으면 자라나 열매를 맺는구나!"

야호! 이제 먹을 것을 찾아 헤맬 필요가 없어졌어.

♪한곳에 머물러 살며 농사를 짓고♪ 곡식을 거두면 되니까 말이야!

조개껍데기 목걸이 어때?

꿀꿀

농사일 좀 하랬더니 그새를 못 참고…!

바쁜데 말 시키지 말아 줄래?

빗살무늬 토기

진흙을 구워 만든 그릇이야. 곡식을 저장하거나 요리할 때 썼어.

반짝반짝 빛나는 청동

우아, 반짝거리는 저것은…? 사람들은 언제부턴가 금속 다루는 법을 알게 됐어. 금속은 뜨거운 불에 녹이면 마음대로 모양을 바꿀 수 있었고, 식으면 돌보다 더 단단했어. 그래서 도구를 만들기에 아주 좋았지. 처음으로 사용했던 금속은 **청동**이야. 그래서 이때를 **청동기 시대**라고 해.

이때는 농사짓는 기술도 발달해서 곡식도 더 많이 거두게 됐어.

하지만 사람들의 욕심도 그만큼 커져서,

청동
구리와 주석을 섞어 만든 금속이야. 녹이 슬면 푸르게 변해. 청동으로 만든 도구를 청동기라고 해.

흐흐, 내가 남보다 더 많이 가져야지! 라고 생각하는 사람들도 생겨났어.

청동검
청동으로 만든 검이야. 돌로 만든 검보다 강해서 전투에서 큰 도움이 됐어.

청동 거울
뒷면의 고리에 줄을 매달아 목에 걸면 햇빛을 반사해 신비한 느낌을 주었어.

청동기 시대에는 힘센 사람이 남들보다 더 많은 곡식을 차지하고 마을 사람들을 다스리기 시작했어. 이런 사람을 **군장**이라고 불러. 군장의 힘은 매우 셌어. 군장은 많은 사람들을 시켜 **거대한 고인돌**을 만들도록 했어. 그리고 사람들을 이끌고 다른 마을과 전쟁을 벌이기도 했지.

"옆 마을로 쳐들어가자! 그들을 우리의 종으로 삼고 재산을 차지하자!" 군장의 외침에 사람들은 와~~~ 우렁찬 함성을 지르며 달려 나갔어.

영차

고인돌이란?
돌 아래 돌을 괴어 놓았다고 해서 '고인돌'이라 불러. 군장의 무덤이나 제사를 지내는 제단으로 쓰였어.

첫 나라 고조선이 세워지다

청동기 시대에는 여기저기서 많은 전쟁이 벌어졌어. 크고 힘센 마을 사람들은 약한 마을을 공격해 세력을 키워 갔지. 또 여러 마을이 힘을 합쳐 큰 세력을 이루기도 했어. 그렇게 커진 세력은 차츰 하나의 나라로 발전하게 됐지. **짜잔~!** 그렇게 해서 나타난 **우리 역사의 첫 나라가 고조선**이야. 고조선에 관해서는 **단군 신화**라는 신비한 옛 이야기가 전해져.

"남을 다치게 한 자는 곡식으로 갚아라!"

"도둑질한 자는 노비로 삼아라!"

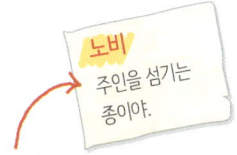

노비 주인을 섬기는 종이야.

♬ 어이구, 무서워라. ♬ 역시 사람은 착하게 살아야 해.
이건 **옛날 고조선의 법**이야. 고조선의 왕은 이 같은 법을 만들어 사람들이 함부로 죄를 짓지 못하게 했어. 그리고 청동으로 만든 뛰어난 무기로 주변 세력을 정복하며 나라를 넓혀 갔어. 고조선의 힘은 요동과 한반도 북쪽의 넓은 땅에 미쳤지. 고인돌, 비파형 동검 등 고조선 사람들이 남긴 옛 물건들로 그 사실을 알 수 있어.

탁자식 고인돌
탁자 모양으로 생긴 고인돌이야.

비파형 동검
청동으로 만든 비파 모양의 검이야.

비파형 동검은 '비파'란 악기를 닮아서 붙여진 이름이래.

미송리식 토기
평안북도 미송리에서 처음 발견된 토기야.

한나라가 쳐들어오다!

고조선은 철을 이용해 도구를 만들기 시작했어. 철로 튼튼한 농사 도구도 만들고, 날카로운 무기를 만들어 주변의 작은 나라들을 ⟪벌벌⟫ 떨게 했지.
하지만 힘이 센 이웃의 중국 한나라는 이걸 아니꼽게 여겼어.
마침내 한나라는 수많은 군사로 고조선에 쳐들어왔어!
고조선은 그에 맞서 용감히 싸웠지만, 결국 전쟁에 져서 멸망하고 말았어.
으, 안타까운 일이야. 하지만 실망하기엔 일러.
고조선의 옛 땅에는 곧 새로운 나라들이 일어설 테니까.

역사반 쉬는 시간

"어떤 재료를 썼느냐에 따라 시대를 구분하다니…." "재밌지 않니?" "응!"

"돌에서 청동으로~ 그리고 철로…. 우리 조상들은 더 나은 생활을 위해 계속 노력했어~." "그…그렇지?"

"나중에 후손들이 우리가 살던 시대를 뭐라고 부를까?" "글쎄, 쟤를 보면 아직도 석기 시대인 것 같은데…."

"삼겹살은 역시 돌판 위에 구워야 제맛이지~!"

더 생각해 보기

우리는 어떤 재료로 도구를 만들었는지에 따라 시대를 구분해. 구석기 시대, 신석기 시대, 청동기 시대…. 이렇게 말이야. 그렇다면 우리가 지금 살고 있는 시대는 뭐라고 부르면 좋을까?

삼국과 가야의 등장

고조선이 멸망한 뒤, 곳곳에서 여러 나라들이 세워졌어. 그중에
고구려, 백제, 신라는 주변의 다른 세력과 힘을 합치며 큰 나라로 쑥쑥 성장했지.
이 세 나라를 삼국이라고 불러. 그리고 이 세 나라가 서로 경쟁하던 때를
삼국 시대 라고 하지. 아차, 여기에 더해 한반도 남쪽에는 가야란 나라도
있었어. 흠, 삼국과 가야에 대한 소개는 이만하고,
본격적인 삼국 시대 이야기를 시작해 볼까?

기원전 37년
주몽, 고구려 건국

활쏘기 신동, 고구려를 세우다!

"슈~~~~욱, 퍽!"

우아, 화살 하나로 새 두 마리를 맞추다니!

백발백중의 활쏘기 솜씨를 자랑하는 저 사람은 **고구려를 세운 주몽**이야. 주몽은 압록강 근처에서 고구려를 세웠지. 고구려 사람들은 주몽처럼 활쏘기는 물론 말타기와 무술을 잘하는 씩씩한 사람들이었어. 하지만 고구려에는 산이 많고 넓은 들이 적어 농사지을 땅이 부족했어. 그래서 고구려 사람들은 **주변의 나라들을 정복**하는 데 힘을 쏟았지.

백발백중
백 번 쏘아 백 번 맞힐 만큼 활이나 총을 잘 쏜다는 말이야.

오예~!! 먹을 거 발견~

고구려

동해

고구려 놈들 나타나기 전에 얼른 먹어.

우리나라가 양궁 금메달 따는 게 다 이유가 있구나~. 주몽 최고!

나 주몽, 어려서부터 활을 쏘면 백발백중이었지.

켁

한강 주변에 세워진 백제

고구려를 세운 주몽에게는 **온조**라는 아들이 있었어.
어느 날 형인 유리가 고구려의 다음 왕으로 결정되자, 온조는 큰 결심을 했어.

"남쪽으로 내려가 나만의 나라를 세우겠어!"

온조는 무리를 이끌고 지금의 서울 땅으로 내려와 **백제**를 세웠어.
이곳은 한강이 흐르는 곳이라 배를 타고 이동하기에 편리했어. 또 농사짓기에도 좋았지.
백제는 이런 좋은 환경을 잘 이용해서 주변 나라들을 합치며 성장해 갔어.

기원전 18년 온조, 백제 건국

이 기름진 땅이 모두 백제의 땅이니라, 음하하하!

이 넓은 땅을 언제 다 가나?

아까부터 저러고 계시네.

성은 나라의 수도나 중요한 곳을 지키기 위해 흙이나 돌로 쌓은 시설이야. 서울시 풍납동에는 백제 초기에 흙으로 쌓은 성의 흔적이 남아 있어.

풍납동 토성

뒤늦게 힘을 키운 신라

고구려와 백제가 세워지던 때, 지금의 경상북도 경주 땅에는 신라가 세워졌어. **신라의 첫 임금은 박혁거세**였지. 그런데 신라가 세워진 경주는 한반도의 동남쪽에 치우쳐 있었어. 게다가 높은 산맥이 가로막고 있어 주변 나라들과 교류하기 어려웠지. 그래서 **신라는 고구려나 백제**보다는 발전이 느렸어. 그렇다고 무시하면 안 돼. 뭐든지 시간이 지나봐야 진짜 모습을 알 수 있는 법이거든. 신라는 **차근차근** 힘을 키우며 큰 나라로 성장할 준비를 하고 있었어.

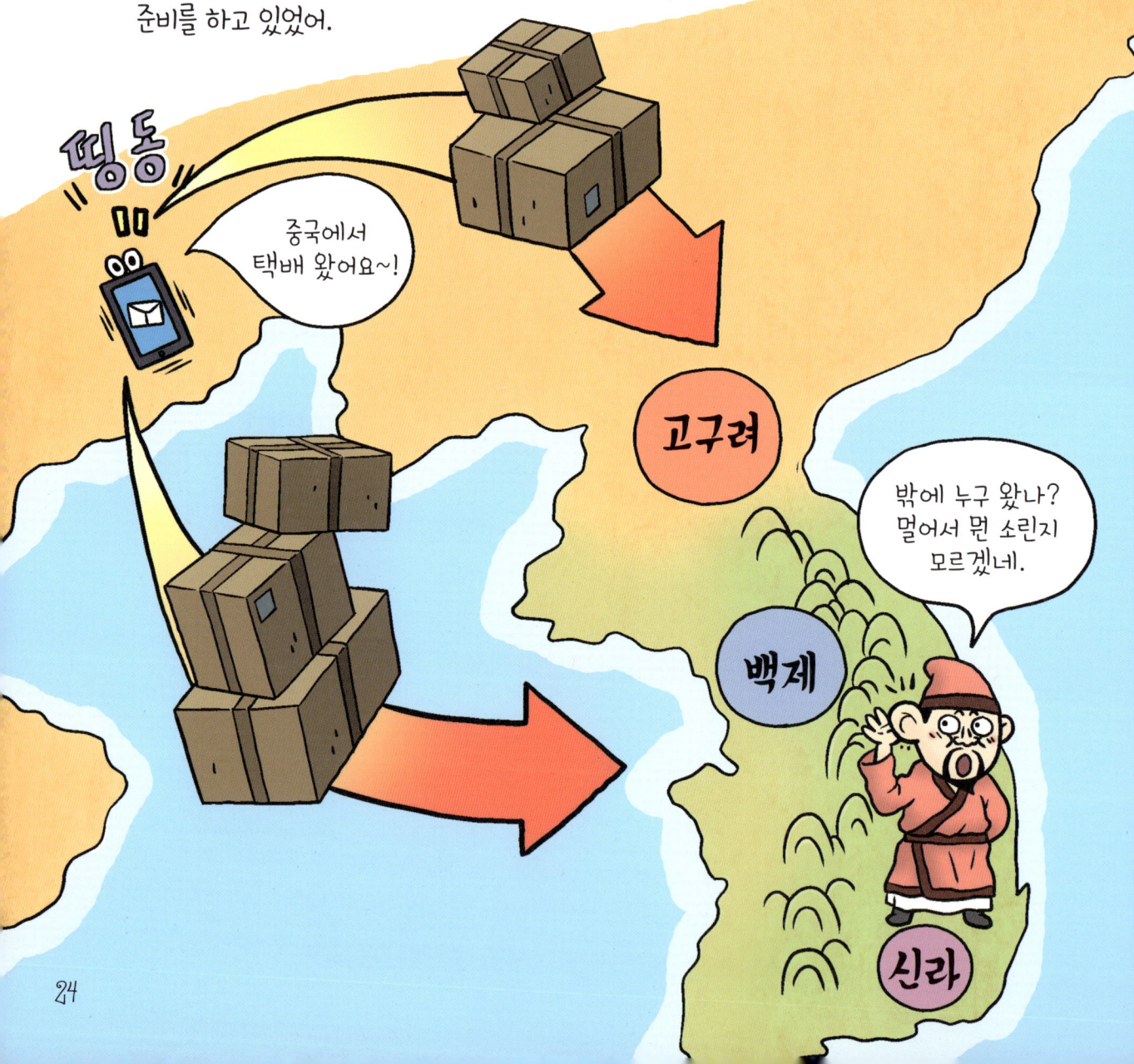

큰 나라로 성장한 삼국

하지만 가야는 큰 나라로 성장하지 못했어. 가야는 여러 작은 나라들이 모여 있다 보니, 각 나라의 힘을 하나로 모으기가 쉽지 않았어. 하지만 고구려와 백제, 신라는 이와 달랐지. 전쟁이 거듭되는 동안 왕이 전쟁을 책임지고 이끌면서 왕권이 강해졌거든. 강력한 힘을 휘두르게 된 삼국의 왕들은 백성들이 지켜야 할 법을 만들었어.

왕권: 왕이 지닌 권력을 뜻해.

"내 말엔 무조건 복종하라고!" 강력한 왕을 중심으로 삼국은 점차 큰 나라로 성장해 나갔어.

또한 삼국은 중국으로부터 불교를 받아들였어.
불교는 부처를 섬기는 종교야. 삼국의 왕들은 거대한 절을 짓고 불상을 만들어
백성들에게 불교를 믿도록 했지.
불교가 나라를 다스리는 데 도움이 된다고 생각했거든.
그리고는 왕이 곧 부처와 같다고 주장했지.

> 불상
> 부처의 모습을 표현한 그림이나 조각이야.

고구려와 백제, 신라는 왕을 중심으로 나라의 힘을 모으고,
그 힘을 바탕으로 이웃 나라를 정복하며 나라를 키워 갔어.

"흥, 누가 이기나 한번 해보자!"

마침내 세 나라는 서로 **피할 수 없는 싸움**을 벌이기 시작했지.
씩씩하고 싸움을 잘하는 고구려, 농사짓기와 교통이 편리한 한강 주변에
자리 잡은 백제, 한반도 동남쪽에서 천천히 힘을 기르던 신라.
치열한 싸움에서 **최후의 승리를 거둔 나라**는 과연 어디였을까?

역사반 쉬는 시간

> 오늘 수업 아주 멋졌어요.

> 오오~ 우리 수재가 내 수업에 감동을 받다니~.

> 왕을 중심으로 힘을 모아 큰 나라로 발전했단 말이지….

> 우리 역사반이 더 발전하기 위해서는 슈퍼 천재인 나를 중심으로 뭉쳐야 해!

> 어디 보자….

> 부여란 나라에서는 가뭄이 들면 왕을 내쫓거나 죽이기도 했다고….

> 히익~!

더 생각해 보기

역사반을 위해서는 슈퍼 천재인 나를 중심으로 힘을 모아야 해!
삼국이 왕을 중심으로 힘을 모았던 것처럼 말이야.
그런데 삼국은 어떻게 왕을 중심으로 힘을 모을 수 있었을까?

3. 삼국이 한강을 두고 다투다

백제, 가장 먼저 전성기를 맞이하다

> **전성기**
> 힘이 세고 기운이 넘치는 때를 말해.

"내가 제일 잘나가~!"

세 나라 가운데 가장 먼저 앞서 나간 것은 **백제**였어!
4세기에 백제 **근초고왕**은 나라를 잘 다스리며 힘을 키웠어.
그리고 군사를 일으켜 한반도 남쪽의 여러 나라를 정복했어.
다음으로는 북쪽으로 눈을 돌려 고구려를 공격했지.
이 싸움에서 백제는 고구려의 왕을 죽이고 큰 승리를 거뒀어!
근초고왕이 여러 전쟁에서 승리를 거둔 덕분에 백제의 영토는 크게 넓어졌지.

힘이 세진 백제는 바다 건너 중국의 요서 지방에도 군대를 보낼 정도로 성장했어. 그리고 중국의 여러 나라는 물론 ※**왜**와도 활발하게 교류했지. 지금 일본에 국보로 전해지는 **칠지도**라는 칼은 백제에서 왜 왕에게 선물로 보낸 거야. 백제에서 만든 칼이 일본의 국보라니 놀랍지? 칼의 표면에는

"백제 태자가 왜 왕을 위해 만들었으니 잘 간직하라!"

는 글이 새겨져 있어. 이걸로 백제와 일본이 서로 가깝게 지냈다는 사실을 알 수 있지.

> **왜**
> 고대에 일본을 가리키던 이름이야.

일본에 전해진 삼국과 가야의 문화

아래에 보이는 저 불상들은 각각 우리나라와 일본의 국보야.
그런데 참 신기한 일이지?
두 나라의 불상이 왜 이렇게 똑같이 생긴 걸까?
그건 바로 일본의 불상이 삼국 시대 우리나라에서 만들어져 전해진 것이기
때문이야. 일본은 삼국과 가야로부터 앞선 문화를 받아들였어.

국보 나라의 중요한 보물을 말해.

"문화도 기술도 삼국과 가야의 것을 배우자!"

일본은 불상은 물론 배와 종이, 그릇 만드는 법 등 여러 기술을 배웠지.
이렇게 삼국과 가야는 일본의 문화 발전에 큰 도움을 줬어.

공짜는 없는 거 알지?

물론! 도움이 필요할 때 언제든 부르라고!

우리 문화재를 빼닮은 일본의 문화재

- 삼국의 금동 미륵보살 반가사유상
- 일본의 목조 미륵보살 반가사유상
- 백제의 금동 모자와 신발
- 일본의 금동 모자와 신발

동에 번쩍, 서에 번쩍, 광개토 대왕

백제의 공격으로 위기에 빠졌던 고구려! 이 위기를 극복한 왕이 바로 **광개토 대왕**이야. 광개토 대왕은 군대를 이끄는 일에 있어 누구보다도 뛰어났어. 광개토 대왕은 백제를 공격해 한강 북쪽 땅을 차지하고, 신라에 침입한 가야와 왜의 연합군을 무찔렀어. 또 북쪽으로는 요동과 만주 지역까지 정복했지. 이렇게 동에 번쩍, 서에 번쩍하는 광개토 대왕의 눈부신 활약 덕분에 **고구려는 아주 크고 강한 나라가 됐어.**

"내 앞에 적수란 없다!"

고구려 벽화 속 개마 무사

개마 무사는 사람은 물론, 타고 있는 말까지 모두 튼튼한 갑옷으로 무장했어.

삼국, 한강을 차지하라!

백제를 물리치고 한강을 차지한 고구려는 한반도에서 가장 강한 나라가 됐어.
한반도의 지배자가 되기 위해서 **한강은 꼭 필요한 곳**이었어.
한강은 한반도의 중심에 위치한 데다 농사짓기에 좋은 넓은 땅을 끼고 있었지.
또 뱃길을 이용해 곳곳으로 물건을 쉽게 실어 나를 수 있었어.
그리고 바다 건너 중국과 교류하기에도 편리했어. 그러니 모두 눈독을 들일 수밖에.

"**한강은 반드시 우리 손에 넣고 말 거야!**" 삼국은 **한강을 차지하려고 서로 치열한 전쟁을** 벌였어.

어딜 넘보냐?

둘이 싸우다 지치기를 기다려야겠군.

따
억

황해

기지개를 켜는 신라

그런데 신라는 그동안 무얼 하고 있었을까?
고구려와 백제가 앞다퉈 발전하는 모습을 지켜보고만 있던 건 아니야.
신라는 두 나라에 비해 발전이 더뎠지만,
6세기 **지증왕과 법흥왕 때에 와서 크게 발전했어.**
지증왕은 북쪽으로 지금의 강원도 중부까지 영토를 넓히고 우산국을 정벌했어.
법흥왕 때에는 **나라의 법**을 만들어 백성들이 왕에게 더욱 충성하도록 했어.
불교를 받아들여 백성들의 마음을 하나로 모으기 시작한 것도 이때부터야.

> **우산국** 삼국 시대에 울릉도에 있던 나라야.

역사반 쉬는 시간

"자~ 안전을 위해 함께 다닐 짝을 정할 거예요."

"선생님, 저는 장하다와 짝을 하겠습니다."

"오잉? 나?"

"선생님! 저도 장하다와 짝하고 싶어요."
"저도요~!"
"저도~!"
"얘들이 갑자기 왜 이래?"

"설마! 이것 때문에?"
"하다가 삼국 시대의 한강처럼 인기가 많네!"

친구들이 맛있는 간식 때문에 나와 짝하고 싶어 하네.
너도나도 나와 짝하려고 경쟁하는 모습이 한강을 둘러싼 삼국 같아.
그런데 삼국은 왜 한강을 둘러싸고 경쟁을 벌인 걸까?

왕수재의 정리王 왕!

1. 우리 역사 첫 나라 고조선

- 구석기 시대에는 **동굴**에서 살았고, 신석기 시대에는 **농사**를 짓기 시작했어.
- 청동기 시대에는 거대한 무덤인 **고인돌**을 만들었어.
- **단군왕검**은 우리 역사 최초의 나라인 고조선을 세웠어.

2. 고구려, 백제, 신라와 가야가 세워지다

- 고조선을 이어 고구려, 백제, 신라, 가야 등 **여러 나라**가 세워졌어.
- 고구려·백제·신라는 점차 **왕권**이 강해지며 큰 나라로 성장해 갔어.
- 가야는 여러 작은 나라가 **연맹**을 이루고 있었어.

슈퍼 천재 왕수재가 1분 만에 정리해 줄게!

3. 삼국이 한강을 두고 다투다

- 백제는 4세기에 영토를 넓히고 **중국·일본과 교류**하며 전성기를 맞았어.
- 고구려는 5세기에 요동과 한반도 중부 지역을 차지하며 **영토를 크게** 넓혔어.
- 신라는 6세기에 고구려와 백제를 물리치고 **한강 유역을 차지**했어.

가로 열쇠

3. 구석기 시대에 사용한 뗀석기로 한 손에 쥐고 사냥을 하거나 고기를 자를 때 썼어.
4. 구리에 주석을 섞은 금속으로 만든 도구야. 칼이나 거울 등을 만들었어.
8. ○○은 '기준이 되는 해'란 뜻이야. 2000년은 ○○을 기준으로 2000년이 흘렀다는 의미지.
9. 우리나라에 세워진 최초의 나라야.
10. 고구려의 전성기를 이끈 왕이야. 신라를 도와 일본군을 무찌르는가 하면, 요동과 만주 지역까지 정복했지.

세로 열쇠

1. 백제 왕이 일본 왕에게 선물로 보낸 칼이야. 일곱 개의 가지가 나 있어.
2. 신석기 시대 사람들은 돌을 날카롭게 갈아 만든 ○○○를 사용했어.
3. 고구려를 세운 사람이야. 어려서부터 활쏘기를 잘하기로 유명했대.
5. 구석기 시대 사람들은 무리를 지어 주로 ○○에서 살았어.
6. 역사를 100년씩 끊어서 세는 단위야. 지금은 21○○야.
7. 백제의 전성기를 이끈 왕이야. 고구려와 싸워 고구려 왕을 쓰러뜨리고 승리했어.

♬ 차례대로 찾아야 할 역사 속 인물들 ♬

 구석기인  신석기인  청동기 군장  단군왕검   주몽   근초고왕   광개토 대왕  진흥왕

2. 남쪽의 신라와 북쪽의 발해

고구려는 중국의 수나라와 당나라의 침입을 잘 막아 냈어.
신라는 백제의 공격으로 위기에 놓이자 당나라와 손잡고
고구려와 백제를 무너뜨려 삼국을 통일했지.
그 뒤 신라는 왕권을 튼튼하게 하고 문화를 발전시켰어.
고구려 사람들은 말갈족과 손잡고 발해를 세웠지.

- 고구려가 수·당나라를 물리치다
- 신라가 삼국을 통일하다
- 대조영이 발해를 세우다

1. 신라가 삼국을 통일하다
2. 통일 신라의 발전된 문화
3. 동아시아의 강대국 발해

장보고가 청해진을 세우다

신라

불국사와 석굴암이 만들어지다

신라가 흔들리다

이 단원에서 배울 단어

살수 대첩, 화랑, 삼국 통일, 국학, 9주, 5소경, 9서당, 청해진, 호족, 해동성국

1. 신라가 삼국을 통일하다

거대한 전쟁의 그림자

삼국이 아웅다웅 다투는 동안 나라 밖에서는 큰 변화가 생겼어.
수나라가 다른 나라들을 정복하고 거대한 나라가 된 거야!

"크하하, 이제 세상에서 우리 수나라를 이길 나라는 없지!"

자신만만해진 수나라는 주변의 여러 나라들을 침략했어. 그리고 마침내 **고구려를 정복하려** 했지. 과연 고구려는 **거대한 수나라의 침략**을 막아 낼 수 있을까? 또, 한강을 두고 다투던 남쪽의 백제와 신라는 어떻게 됐을까?

수나라와 당나라의 침입

우왓, 수나라는 자그마치 **100만이 넘는 군대**로 고구려에 쳐들어왔어! 고구려군의 수는 훨씬 적었지. 하지만 고구려에는 **을지문덕**이라는 **뛰어난 장군**이 있었어. 을지문덕은 일부러 도망가는 척하며 수나라 군대를 고구려 땅 깊숙이 끌어들였어. 수나라군은 점점 지치고 먹을 것이 떨어져 갔지. 수나라는 결국 군대를 돌리기 시작했어. **"지금이다! 총공격하라!"** 을지문덕은 후퇴하는 수나라 군대를 살수란 곳에서 크게 쳐부쉈어! 이것이 바로 **살수 대첩**이야.

수나라의 뒤를 이어 이번엔 **당나라**가 쳐들어왔어!
당나라는 고구려의 **안시성**을 노렸어. 하지만 성안의 고구려군은 똘똘 뭉쳐 버텼지.

"저 작은 성 하나를 못 무너뜨리다니!" 당나라군은 이번엔 성벽보다

높은 흙산을 쌓아 성을 공격하려고 했어. 그런데 그만 흙산이 **와르르** 무너져 내렸어!
고구려 군사들은 이 기회를 노려 흙산을 빼앗았지. 당나라군은 큰 피해를 입고
물러날 수밖에 없었어. 고구려가 또 한 번 **중국의 침략을 막아낸 거야!**

지금이다! 공격하라!

힘들게 산 쌓아서 고구려 좋은 일만 했군….

김춘추, 위기에 빠진 신라를 구하라!

한편 남쪽에서는 신라가 백제에 많은 영토를 빼앗기고 위기에 놓여 있었어. 자칫 나라가 망할 판이었지.

신라의 귀족인 **김춘추**는 고구려로 찾아가 도와 달라고 부탁했어. 하지만 되돌아온 건 차가운 거절뿐이었지. 김춘추는 포기하지 않고 당나라로 향했어. 마침 당나라는 고구려를 다시 침략할 기회를 **호시탐탐** 노리고 있었어. 신라와 당나라는 **힘을 합쳐** 고구려와 백제를 멸망시키고 영토를 나눠 갖기로 약속했어.

"윽, 안 되겠어. 다른 나라의 도움이 필요해!"

백제와 고구려의 멸망

신라와 당나라는 먼저 백제를 공격했어. 백제는 제대로 싸울 준비가 돼 있지 않았지. 백제의 **계백 장군**은 적은 수의 군사만으로 **김유신 장군**이 이끄는 신라군에 맞서야 했어.

"무슨 일이 있어도 막아 내야 한다!"

백제군은 비록 수는 적었지만 죽기 살기로 신라군과 싸웠어. 그러자 이번엔 신라의 어린 **화랑**들이 용감하게 백제군에 돌진했어! 그 모습에 감동한 신라군은 거세게 백제군을 몰아붙였지.

화랑 신라의 청소년 단체인 화랑도의 우두머리야.

결국 **백제는** 전쟁에 지고 **660년에 멸망**하고 말았어.

신라와 당나라는 곧이어 고구려로 향했어. 때마침 고구려 안은 혼란스러웠지. 나라를 이끌던 **연개소문이 죽고**, 그 아들들은 아버지의 자리를 두고 서로 다투고 있었거든. 신라와 당나라는 그 틈을 놓치지 않고 양쪽에서 일제히 고구려를 공격했어. 고구려군과 백성들은 죽을힘을 다해 싸웠지. 하지만 앞뒤로 몰려오는 수많은 군사들을 막아 낼 수 없었어.

"아아, 삼국 중에 가장 강했던 고구려가 이렇게 무너지다니!"

결국 **고구려는 668년에** **멸망**하고 말았어.

마침내 하나가 된 세 나라

드디어 한반도에 평화가 찾아왔을까? 안타깝게도 전쟁은 아직 끝난 게 아니었어. 백제와 고구려를 멸망시킨 **당나라**가 이제 **신라**까지 **집어 삼키려고** 한 거야!

"비겁한 당나라 놈들! 약속을 어기다니!"

신라는 또다시 전쟁을 벌여야 했어. 이번에는 멸망한 고구려와 백제 사람들도 함께했어.

"비록 나라는 망했지만, 당나라 놈들에게 굽신거릴 수는 없지. 같이 싸웁시다!"

이들은 신라를 도와 함께 당나라에 맞서 싸웠어.

챙! 챙! 챙! 당나라 군대를 몰아냈어!

힘겨운 싸움 끝에 신라는 결국 한반도에서 **당나라 군대를 몰아냈어**. 마침내 **신라가 삼국을 통일해** 고구려·백제·신라 사람들을 한 나라의 백성으로 만든 거야. 삼국 가운데 가장 늦게 발전한 신라가 당당히 최후의 승자가 된 거지. 이때부터 신라를 **통일 신라**라고 불러. 그런데 어떤 사람들은 신라가 당나라를 끌어들여 고구려와 백제를 멸망시킨 걸 아쉬워하기도 해. 신라가 삼국을 통일하면서 고구려의 옛 영토 대부분을 잃어버렸다는 거야.

역사반 쉬는 시간

나는 농구 시합에서 이기기 위해 용선생님과 한 팀을 이뤘어.
삼국 통일을 위해 당나라를 끌어들인 신라처럼 말이야.
너희들은 당나라를 끌어들인 신라의 삼국 통일을 어떻게 생각하니?

2. 통일 신라의 발전된 문화

사, 상어가…!

(안 들림) 내 수영 실력을 보여 주지!!

경주 대왕암
죽어서 용이 되어 신라를 지키겠다는 문무왕의 말에 따라 바닷가에 만든 문무왕의 무덤이야.

발전의 기초를 다지다

삼국 통일 후 신라의 **신문왕**은 왕의 힘이 강해야 나라를 잘 다스릴 수 있다고 생각했어. 하지만 귀족들은 생각이 달랐지.

"흥, 왕이 이래라저래라 하는 거 진짜 짜증나."

그러자 신문왕은 왕에게 도전하는 귀족 세력들을 꽉꽉 눌러 버렸어! 그리고 **국학**이란 학교를 만들어 유학을 가르치는 데 힘썼어. 유학에서는 신하들이 왕에게 충성하라고 가르쳤거든. 왕들이 좋아할 만하지? 신문왕은 유학을 배운 충성스런 사람들을 키워 신하로 삼으려고 했어.

> **유학**
> 중국의 사상가 공자의 가르침을 따르는 학문이야.

신문왕은 늘어난 영토와 백성을 잘 다스리기 위해 많은 일들을 했어.
우선 전국을 9개의 **주**(9주)로 나누어 각각 관리를 보내 다스리게 했지.
그리고 중요한 지역 다섯 곳에 '작은 서울'이라는 뜻의 **소경**(5소경)을 만들었어.
또 수도 금성을 지키는 군대인 **9서당**을 만들고 신라인, 고구려인, 백제인, 말갈인이
모두 참여할 수 있도록 했어.

"이제는 모두 신라의 백성이니라!"

이런 뜻이 담긴 거였지. 신문왕의 노력 덕분에 신라는 이후 오랫동안
안정과 평화를 누릴 수 있었어.

주목! 너희들의 임무는 이곳 금성을 지키는 것이다.

진짜 신라 사나이!!

신라 갑옷이 영 어색하구먼….

입다 보면 적응하겠지. 난 편하고 좋기만 한데.

부처님의 나라, 신라

삼국을 통일한 **신라**는 불교문화를 **발전**시키며 여러 뛰어난 문화재들을 만들었어. 그중 대표적인 것이 바로 **불국사와 석굴암**이야!
불국사의 '불국'은 '부처님의 나라'라는 뜻이야. 이 절은 불상을 모신 여러 건물과 석탑을 조화롭게 배치해 말 그대로 부처님 나라를 표현했어. 또 불국사에는 두 개의 유명한 석탑이 있어. 뭘까? 그래, 바로 **석가탑**과 **다보탑**이야. 둘의 모습은 서로 사뭇 다르지만, 누구나 그 아름다운 모습에 감탄하게 되는 건 똑같아!

경주 불국사 3층 석탑
'석가탑'이라고도 해. 소박한 모습이지만 높이와 너비의 비례가 조화를 이루고 있어.

다보탑
다른 나라에서 볼 수 없는 독특한 생김새의 탑이야. 네 모퉁이에 모두 돌사자 상이 있었는데, 지금은 1개만 남아 있어.

백운교와 청운교
불국사에 있는 돌다리야. 아래쪽은 백운교, 위쪽은 청운교라고 해.

오~ 두기, 생각보다 똑똑한걸.

부처 불(佛) 자에 나라 국(國) 자, 절 사(寺) 자를 써서 '불국사' 맞지요?

석굴암

석굴암은 불국사와 함께 유네스코가 지정한 세계 문화유산이야. 가운데 보이는 것이 석굴암의 본존불이야.

이야~, 안에 들어오니 시원하네. 이곳은 **석굴암**이야.
사람이 돌을 쌓아 굴처럼 만든 사원이지.

어마어마한 크기의 돌을 어찌나 잘 다듬고 치밀하게 무게를 계산해 쌓았는지! 신라인의 뛰어난 과학 기술을 짐작할 수 있어. 석굴암의 **본존불**을 비롯한 많은 조각상들은 아주 섬세하게 만들어져서 우리나라 불교 조각 가운데 최고로 꼽히고 있어. 신라의 수도였던 경주에는 이밖에도 곳곳에 수많은 불교 문화재들이 남아있지. 언제 한번 놀러 가 보길 바라!

바다로 향하는 신라 사람들

"웅성웅성" "쏼라쏼라" 저기 항구에 있는 외국인을 봐! 구불구불한 머리와 부리부리한 눈, 덥수룩한 수염까지…. 우리 생김새와는 많이 다르지? 저 멀리 **서역에서 온 사람**이야. 그런데 서역인은 어떻게 우리나라를 알게 됐을까? 그건 신라 사람들이 배를 타고 바닷길을 통해 중국 당나라는 물론, 일본 등 **여러 나라와 활발하게 교류**했기 때문이야. 당나라와 화해한 뒤에는 많은 신라인들이 공부나 장사를 하려고 **당나라**로 건너가기도 했어!

828년 장보고, 청해진 설치

안 돼!

귀족들 사이에 다툼이 일어나 신라가 혼란에 빠졌어! 그 틈에 바다에 나타난 해적들은 신라 사람들을 마구 잡아다 당나라에 노비로 팔아 버렸지! 그러자 당나라에서 군인으로 일하던 신라 사람 **장보고**가 나섰어.

"못된 해적 놈들, 내가 물리쳐 주마!"

장보고는 신라 왕의 허락을 받아 완도에 **청해진이라는 기지를 세우고 해적들을 물리쳤어**.

그리고는 신라와 당나라, 일본 등을 배로 오가며 무역을 해서 많은 돈을 벌어들였지. 정말 멋지지 않니? 이렇게 동아시아 바다를 주름잡은 장보고를 훗날 사람들은 '바다의 왕자'라고 부르기도 해.

흔들리는 신라

9세기 말 신라의 힘은 크게 약해졌어.
귀족들은 사치에 빠진 채 서로 다투기 일쑤였어.
곳곳에서 먹고 살기 힘들어진 농민들이 도적이 되곤 했지. 이걸 바로잡기 위해 나선 사람이 바로 **최치원**이야. 당나라에서 공부하고 돌아온 최치원은 능력 있는 사람을 관리로 뽑아 나라를 바로잡자고 주장했어.
하지만 귀족들은 그 말을 귓등으로도 듣지 않았지.

"아아, 천 년을 이어 온 신라도 결국 이렇게 무너지는 건가…!"

크게 실망한 최치원은 벼슬을 버리고 떠나고 말았어.

새로운 세상을 준비하는 사람들

그 무렵, 신라의 지방 곳곳에서 **새로운 세력들이 나타났어**.
이들은 힘이 약해진 나라를 대신해 백성들을 다스렸어. 이 사람들을 **호족**이라고 해.
"모두들 나를 따르라. 내가 너희를 지켜 주겠다!" 호족들은 성을 쌓고 군사를
훈련시켜 도적 떼로부터 백성을 보호했어. 그리고 다른 세력을 흡수하며 힘을 키웠지.
그중에는 신라를 대신할 **새로운 나라를 세우려는 사람들**까지 있었어.
약해질 대로 약해진 신라는 더 이상 이들을 막을 힘이 없었지.

역사반 쉬는 시간

"이번 경주 여행에서 가장 좋았던 것들을 하나씩 말해 볼까?"

"석가탑과 다보탑이오! 우뚝 솟은 모습이 정말 멋졌어요!"

"화려한 금관과 장신구요! 진짜 예뻤어요!"

"당연히 석굴암이죠. 석굴암은 신라인들의 뛰어난 기술을 보여 주는…."

"그럼, 영심이는?"

"네?"

"아니, 물어보지 않아도 먼지 알겠네…."

냠냠 / 경주명물 황남빵

더 생각해 보기

경주에 있는 신라의 아름다운 문화재도 좋지만, 나는 맛있는 간식이 더 기억에 남던데….
너희들은 신라의 어떤 문화재를 좋아하니? 그 이유도 알려 줘.

3. 동아시아의 강대국 발해

발해 상경성 터
상경성은 문왕이 건설한 발해의 수도야. 지금은 그 터만 남아 있어.

고구려의 후예, 새 나라를 세우다

고구려가 멸망한 뒤, 고구려 사람들은 어떻게 되었을까?
수많은 고구려 사람들은 강제로 고향을 떠나 당나라로 끌려가야 했어.
그중엔 고구려 장수였던 **대조영**도 있었지.

"언제까지 당나라의 지배를 받고만 있을 텐가!"

대조영은 고통받던 고구려와 말갈족 사람들을 모아 당나라를 탈출했어!
그리고 쫓아오는 당나라군을 천문령이란 고개에서 크게 물리쳤지.
대조영은 마침내 백성들과 함께 698년 **고구려를 이은 나라,**
발해를 세웠어.

한 놈도 살려 보내지 마라!

우리가 여기 있을 줄 몰랐지?

발해의 기초를 다진 두 왕

대조영의 뒤를 이은 **무왕**은 당나라에 맞서 발해를 지키기 위해 노력했어.
발해를 못마땅하게 여긴 당나라는 곧 발해로 쳐들어올 생각이었지.
그러자 무왕은 한발 앞서 과감한 결단을 내렸어.

"우리가 먼저 당나라에게 본때를 보여 주자!"

발해군은 바다를 건너 당나라의 등주란 곳을 기습 공격했어.
발해 군사들은 용감하게 싸워 당나라 장군을 쓰러뜨리고 큰 승리를 거두었어.
용감무쌍한 발해군에게 당나라가 크게 한 방 먹은 거야!

척

싸울 때는 싸우고!

그 다음 왕인 **문왕**은 아버지 무왕을 뒤따라 발해를 잘 다스렸어.
문왕은 계속 당나라에 맞서기보다는 당나라와 잘 지내며 그들의
앞선 문화를 받아들여야 한다고 생각했지.

"싸울 때는 싸우더라도, 배울 것은 배워야지!"

문왕은 당나라의 앞선 제도들을 본받아 발해의 제도를 좋게 고쳤어.
그리고 넓어진 영토를 잘 다스리기 위해서 당나라의 수도였던 장안성을 본떠
새로운 수도 상경성을 세웠어.

동쪽의 번성한 나라!

발해는 **선왕** 때에 이르러 영토를 크게 넓히고 강력한 나라가 되었어.

"아니? 발해가 언제 이렇게 힘을 키웠지?"

크게 놀란 당나라 사람들은 발해를 '바다 동쪽의 번성한 나라'라는 뜻으로 **해동성국**이라고 불렀어.

나라의 힘을 **부쩍** 키운 발해는 **사방으로 통하는 길을 닦았어.**

그리고는 신라·당나라·거란·일본 같은 주변 나라는 물론, 저 멀리 서역까지 여러 나라와 활발하게 교류했어.

고구려와 닮은 꼴, 발해 문화

발해는 고구려 사람들이 말갈족과 힘을 합쳐 세운 나라였다는 거 기억나니? 그래서 **발해의 문화는 고구려 문화에 바탕**을 두고 있었어. 그러다 보니 발해 사람들이 남긴 유물은 고구려 사람들이 남긴 유물과 정말 비슷해 보여. 꼭 닮은 형제 같다니까. 발해는 또한 당나라와 말갈족의 문화까지 받아들여 **독특한** 문화를 만들어 냈어. 그리고 신라와 마찬가지로 **불교를 널리 믿었지.**

그래서 발해에서는 곳곳에 많은 절과 석탑을 짓는 등 **불교문화가 발달했어.**

발해는 불교뿐 아니라 유학도 받아들였어.
나라에서는 **주자감**이란 학교를 만들어 귀족들에게 유학을 가르쳤지.
발해에서는 멀리 **당나라까지 유학생을 보내기도** 했어.
"야호, 합격이다~!" 발해 유학생들은 당나라에서 실시한 과거 시험에서 많이 합격했어.
신라 유학생들과 경쟁이 붙어서 시험 열기는 언제나 뜨거웠지.
하지만 이렇게 주변 나라들과 교류하며 발전하던 발해는,
불행히도 **926년 거란의 침입을 받아 멸망**하고 말았어.

역사반 쉬는 시간

선생님!
어서 오렴.
이 분은 선생님의 아버지셔.
그래, 학생들이 놀러 왔구나.
안녕하세요!
손님이 왔다고?
네, 제가 가르치고 있는 학생들이에요.
세상에!
반갑구나!
정말 닮아도….
너무들 닮으셨네….

 **더 생각해 보기**

선생님 가족들은 서로 쏙 빼닮았네.
선생님 가족처럼 **고구려와 발해 문화가 서로 닮은 이유는 무엇일까?**

왕수재의 정리왕!

1. 신라가 삼국을 통일하다

- 고구려는 **수나라**와 **당나라**의 연이은 침입을 잘 막아 냈어.
- 신라는 **당나라와 손잡고** 백제와 고구려를 차례로 멸망시켰어.
- 신라는 당나라마저 물리치고 마침내 **삼국을 통일**했어.

2. 통일 신라의 발전된 문화

- 신문왕은 **유학 교육**에 힘쓰고, 곳곳에 **관리를 보내** 나라를 안정시켰어.
- 부처님을 열심히 믿은 신라 사람들은 **불국사**와 **석굴암**을 만들었어.
- 신라는 바닷길을 통해 당나라와 일본, 서역 등 **많은 나라와 교류**했어.
- 신라 말 나라가 혼란스러워지자 지방에서는 **호족**이 등장했어.

3. 동아시아의 강대국 발해

- 대조영은 **고구려·말갈 사람들**을 이끌고 당나라를 탈출해 발해를 세웠어.
- **무왕**과 **문왕** 때 나라의 기초를 다진 발해는 **선왕** 때 번성한 나라가 되었어.
- 발해의 문화는 **고구려의 문화**를 이으며, 말갈과 당나라의 문화도 받아들였어.

슈퍼 천재 왕수재가 1분 만에 정리해 줄게!

가로 열쇠

1. 고구려가 수나라 100만 대군을 맞아 살수에서 크게 이긴 전투를 말해.
5. 당나라 사람들은 발해를 '동쪽의 번성한 나라'란 의미로 ○○○○이라고 불렀대.
8. 고구려의 ○○○○ 장군은 후퇴하는 수나라 군대를 쫓아가 살수에서 크게 물리쳤어.
10. 삼국 중 가장 북쪽에 있는 나라로 수·당나라와도 싸워 이긴 적이 있어.
11. 신라 수도의 이름이야.

세로 열쇠

2. 고구려의 장수였어. 고구려·말갈 사람들을 모아 발해를 세웠어.
3. 장보고는 완도에 이것을 세우고 해적을 물리쳤지.
4. '부처님의 나라'란 뜻의 이름을 지닌 신라의 대표적인 절이야.
6. 통일된 신라의 기초를 다진 왕으로 귀족의 반란을 진압하고, 유학 교육에도 힘썼어.
7. 신라 사람으로 별명은 '바다의 왕자'!
9. 고구려의 성이야. 당나라는 이 성을 무너뜨리기 위해 흙산을 쌓았었지!

당나라는 고구려의 안시성을 무너뜨리기 위해 온갖 무기를 사용했어.
하지만 결국 고구려군을 당해내지 못했지.
아래에 그때의 전투 모습을 그린 같은 그림 2장이 있네.
그런데 똑같아 보이는 두 그림 사이에는 서로 다른 곳이 5군데가 있어.
오른쪽 그림에서 어디가 다른지 찾아볼래?

세계와 교류한 고려

신라 말의 혼란으로 한반도는 다시 세 나라로 쪼개졌어.
그중 왕건이 세운 고려가 후삼국을 통일했어.
고려는 거란과 여진의 공격을 물리치고
여러 나라와 교류하면서 문화를 발전시켰어.
하지만 몽골의 침입으로 다시 힘겨운 시기를 보냈지.

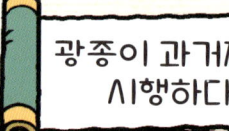

광종이 과거제를 시행하다

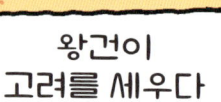

왕건이 고려를 세우다

고려가 거란을 물리치다

1. 고려가 후삼국을 통일하다
2. 여러 나라와 교류하다
3. 혼란에 빠진 고려

몽골군이 고려에 쳐들어오다

무신들이 반란을 일으키다

공민왕이 고려를 개혁하다

이 단원에서 배울 단어

후삼국, 과거제, 별무반, 팔관회, 고려청자, 금속 활자, 문신, 무신, 신진 사대부, 권문세족, 왜구

다시 세 나라로 나뉘다

깃발을 펄럭이는 저 사람들은 누구일까? 신라의 힘이 약해지자, 곳곳에서 힘을 키운 호족들이야. 그중 견훤과 궁예는 아예 반란을 일으켜 새로운 나라를 세웠어.
견훤은 "백제를 다시 일으키겠다!"며 **후백제**를 세웠고,
궁예는 "고구려의 영광을 되살리겠다!"며 **후고구려**를 세웠지.
두 나라는 주변의 호족들을 공격하거나 자기편으로 만들면서 차츰 신라와 맞설 정도로 커졌어. 이렇게 신라, 후고구려, 후백제가 맞서던 때를 **후삼국 시대**라고 해.

후삼국을 통일할 주인공은?

세 나라는 서로를 무너뜨리려고 치열하게 싸웠어. 과연 누가 마지막에 웃게 될까?
이때 **새로운 인물**이 나타났어! 궁예의 신하였던 **왕건**이야.
왕건은 후고구려의 전쟁을 이끌며 영토를 크게 넓힌 장군이었지.
하지만 궁예는 점점 난폭해져 신하들을 **마구마구** 괴롭혔어.
더는 참을 수 없었던 신하들은 왕건을 앞세워 들고일어났어.

"포악한 궁예를 없애라!"

왕건은 궁예를 몰아낸 뒤 918년에 고려를 세웠어.

왕건은 호족들을 무조건 짓누르기보다 자신의 편으로 만드는 데 힘썼어.
견훤이 신라로 쳐들어가자 위기에 빠진 신라를 도와주기도 했지.
그러자 백성들은 **마음속으로 왕건을 응원**하기 시작했어.

"전쟁을 끝내고 평화를 가져올 사람은 고려의 왕건뿐이야!"

신라는 결국 백성들의 뜻대로 왕건에게 항복했어.
힘을 얻은 왕건은 마침내 후백제까지 물리치고 **후삼국을 통일했어.**
드디어 평화가 찾아온 거야!

호족들은 광종이 제일 무서워

왕건이 세상을 떠나자, **힘센 호족들**은 왕의 자리를 탐내며 서로 싸우기 시작했어.
새로 왕이 된 **광종**은 어떻게 하면 호족들의 힘을 누르고 나라를 잘 다스릴 수 있을지 고민했어.

그래! 호족들이 강제로 데리고 있던 노비들을 풀어 주자.
그럼 노비들의 억울함도 없애고 기세등등하던 호족들도 억누를 수 있을 거야!

광종은 **단번에** 노비들을 풀어 주었어.
호족들이 매우 놀란 것은 말할 것도 없겠지?

억울하게 노비가 된 자들을 풀어 주리라!

이제 자유다!

엇, 내 재산이!

불만이 커진 호족들은 호시탐탐 반란의 기회를 노렸어. 하지만 그냥 당할 광종이 아니었지. 광종은 자신에게 대드는 호족들을 재빨리 제거해 버렸어. 그러자 나라를 다스릴 새로운 인재들이 필요하게 됐지. 그때 한 신하가 나섰어.

"폐하, 시험을 쳐서 인재를 뽑으십시오!"

옳다구나! 광종은 그 말대로 시험 성적이 좋은 사람을 관리로 뽑았어. 이 제도를 **과거제**라고 해. 그동안 실력 없이 큰소리만 **뻥 뻥** 치던 **호족들의 힘은 크게 줄어들었지.**

이번에 과거 시험에 합격한 신하들이야!

과거 시험 엄청 어렵던데….

이러다 우린 평생 관리 못 되는 거 아냐?

왕의 목소리가 전국에 들리다

광종 때 왕의 힘을 키운 덕분에 나라가 많이 안정되었어. 그다음 왕이 된 **성종**은 나라를 잘 다스리기 위해 또 어떤 일을 할까 고민했어. 그러자 **최승로**라는 신하가 말했어.

"지방에 관리를 보내어 전국을 직접 다스리십시옵소서."

그때까지도 지방에는 호족들이 다스리는 곳이 많았거든. 성종은 그 말을 받아들여 지방의 큰 고을에 관리를 보내 다스리도록 했어. 호족들에게는 관리를 돕도록 했지. 이렇게 **왕의 명령이 전국에 전해지게 된 거야!**

역사반 쉬는 시간

"회장은 역시 똑똑한 사람이어야지!"
"슈퍼 천재인 내가 역사반 회장에 어울려!"
"너보다는 튼튼한 내가 더 회장에 어울리지 않아?"
"단순 무식 장하다 주제에!"

회장 선거

짜잔~

"한심하긴…. 그렇게 해서 회장이 될 수 있겠어?"
"회장이 되려면 사람의 마음을 얻어야지."
"평소에도 누나는 우리에게 참 잘 해 주었거든."

응?

선배도 회장으로!
누나! 힘내!
어느새!
벌써 한 팀이 됐어!

더 생각해 보기

선생님 말씀으로는 내가 회장이 될 수 있었던 이유가
왕건이 후삼국을 통일할 수 있었던 비결과 비슷하다고 하시던데….
왕건이 후삼국을 통일할 수 있었던 비결은 무엇일까?

고려의 주변 나라들

고려의 주변에는 여러 나라가 있었어. 어떤 나라들이었는지 살펴볼까?
고려의 북쪽에는 **거란**과 **여진**이 고려와 국경을 맞대고 있었어.
모두 말을 잘 타는 강한 군사를 거느린 나라들이었지. 바다 건너 중국에는 경제와
문화가 발달한 **송나라**가 있었어. 그 밖에 **일본**이나 저 멀리 **아라비아**의 상인들이
배를 타고 고려까지 찾아오기도 했어. **고려는 이들 나라와 활발하게 교류했어.**
몇몇 나라와는 때때로 큰 전쟁을 벌이기도 했지.

서희와 강감찬이 거란을 물리치다

고려는 세워질 때부터 거란과 사이가 나빴어.
급기야 성종 때에는 거란이 수십만 대군으로 쳐들어오기까지 했지.

"우리를 무시하고 송나라와만 교류하는 고려를 혼내 주자!"

아찔한 순간, 고려 최고의 외교관 **서희**가 나섰어.

"고려와 거란 사이를 막고 있는 여진족을 몰아낸다면 당신들과 교류 하겠소."

서희의 말이 얼마나 그럴듯했던지, 거란의 장수는 오히려 고려에게 강동 6주 땅을
내주고 돌아갔어. 서희의 **말솜씨 하나로 수십만의 군사를 물리친 거야!**

여진 정벌에 나선 윤관

고려가 한숨 돌리려고 하자, 이번에는 동북쪽의 **여진족**이 자꾸만 국경을 넘어 고려 백성들을 괴롭혔어. 그러자 고려의 **윤관** 장군은 여진족의 **본거지**를 공격해서 본때를 보여 줘야겠다고 생각했어.

> **본거지** 어떤 일을 하는 데 바탕으로 삼은 곳이야.

"그래, 여진을 정벌할 새로운 부대를 만들자!"

윤관은 왕의 허락을 얻어 여진족을 물리칠 특별 부대인 **별무반**을 만들었어. 마침내 윤관은 별무반을 이끌고 동북쪽으로 향했지. 그리고 멋지게 여진족을 격파했어!

우리나라의 이름이 세계에 알려지다

고려는 다른 나라들과 활발히 무역하며 교류했어.

"자, 중국과 서역에서 진귀한 물건이 왔어요. 구경 한번 해 보세요!"

고려의 수도인 개경에서는 송나라, 거란, 여진, 일본뿐 아니라 저 멀리 아라비아의 상인들까지 어렵지 않게 볼 수 있었지. 이들은 자기 나라의 물건을 팔고 고려에서 곡식이나 **공예품**을 사 갔어. 그중 **아라비아 상인**들은 고려를 '**코리아**'라고 불렀는데, 이것이 우리나라의 이름으로 세계에 알려지게 됐어.

공예품
가구, 도자기처럼 쓸모 있으면서도 아름답게 만든 물건을 말해.

고려의 화려한 문화와 과학 기술

고려의 왕과 신하들이 모두 모였나 봐! **고려의 가장 큰 행사인 팔관회**가 열렸거든. 고려 사람들은 불교를 믿었는데, 팔관회는 나라에서 여는 **아~주** 큰 불교 행사였어. 팔관회가 열리면 국왕에서부터 신하들, 외국에서 온 손님들까지 한데 모여 부처와 여러 신들에게 제사를 지내고 **나라가 평안하기를** 빌었어. 행사가 끝나면 일반 백성들까지 함께 어우러져 "얼씨구절씨구!" 춤추고 노래를 불러 온 나라가 떠들썩했다고 해. 그 모습이 정말 대단했겠지?

고려는 과학 기술도 매우 뛰어났어. 무려 **세계 최초로 금속 활자도 만들었다고!** 금속 활자란 글자가 새겨진 작은 금속 조각이야. 금속 활자를 모아 검은 먹을 바른 뒤 종이에 찍으면 **짠~** 책을 만들 수 있어. 그전에는 글자를 하나하나 붓으로 쓰거나 나무판에 글자를 새겨 찍어야 했지. 금속 활자를 이용하면 여러 권의 책을 쉽게 만들 수 있었어. 고려 때 펴낸 **《직지심체요절》**은 **금속 활자로 만든 세계에서 가장 오래된 책**이라고 해. 정말 대단하지?

역사반 쉬는 시간

"담판으로 거란군을 물러나게 하다니! 정말 대단해!"

"응, 대화를 통해 고려의 위기를 넘기다니, 정말 멋졌어."

"그러게 말이야!"

"나는 앞으로 서희를 본받겠어!"

"어라? 단순 무식 장하다가 웬일이래?"

"어떻게 담판을 지어야 부모님이 내 성적을 이해해 주실까?"

"쉽진 않겠는데…."

 **더 생각해 보기**

윽, 큰일이야! 이번 시험에서 0점을 받다니! 서희 같은 말솜씨가 있다면 부모님의 화를 잘 가라앉힐 수 있을 텐데….
서희는 침입해 온 거란군을 어떻게 돌려보낼 수 있었을까?

잇달아 반란이 일어나다

고려가 **위태위태해!** 대체 무슨 일이지? 고려의 귀족들은 사치를 일삼으며 권력을 차지하려고 서로 싸웠어. 심지어는 **힘센 귀족이 왕이 되려고 반란을** 일으키기도 했어! 왕의 마음은 온통 불안했지. 그때 묘청이라는 스님이 다가왔어.

"폐하, 나라의 수도를 서경으로 옮기시면, 나라가 안정될 것입니다."

하지만 왕은 그 말을 따르지 않았어. 그러자 웬걸, 이번엔 **묘청이 서경에서 반란을 일으킨 거야!** 반란은 결국 진압됐지만, 나라는 또다시 크게 흔들렸지.

> **서경**
> 고려 시대에 지금의 북한 평양 지역을 부르던 이름이야.

무신들이 권력을 잡으면서 **백성들의 생활은 더욱 고통스러워졌어.** 무신들은 나라를 제대로 다스릴 능력이 없었거든. 오히려 세금이란 세금은 있는 대로 탈탈 거둬서 백성들을 괴롭혔어. 백성들이 물수건도 아니고 무조건 짜내면 어쩌자는 건지!

"이대로는 도져히 못 살겠다!"

마침내 **농민들은 손에 몽둥이를 들고 일어났어.** 게다가 노비들마저 반란에 나서면서 나라는 혼란에 휩싸였지. 아, 고려의 운명은 어찌 되려는 것일까?

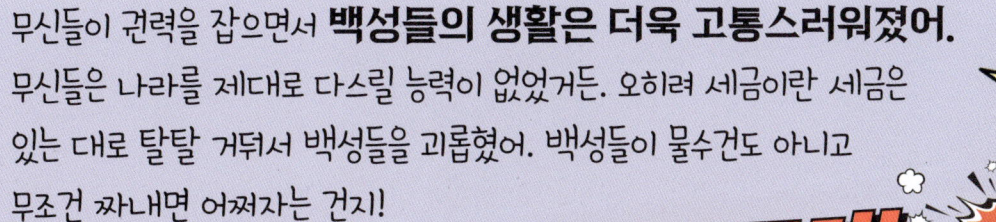

세계 최강의 몽골군이 쳐들어오다

나라 안에서 반란이 끊이지 않는 사이, 밖에서는 더 큰 위협이 산사태처럼 밀려왔어. 바로 아시아를 넘어 유럽까지 벌벌 떨게 만들었던 **세계 최강의 군대, 몽골군이 쳐들어온 거야!** 고려의 권력자들은 허겁지겁 강화도로 수도를 옮겨서 몽골과 싸우기로 했어.

"몽골군은 땅에서 싸우는 데만 익숙하니 섬을 공격하지는 못할 것이다."

하지만 이건 섬으로 도망친 거나 다름없었어. 반대로 육지에 남은 많은 사람들은 오로지 제힘으로 몽골군에 맞서야 했지.

고려 사람들은 **정말 용감하게 몽골군에 맞서 싸웠어.** 군대 없이도 백성들끼리 뭉쳐서 몽골군과 싸우기도 했지. 그 기세에 놀란 몽골군은 혀를 내둘렀어.

"전 세계를 돌아다녔지만 이렇게 용맹한 백성들은 처음 보는군!"

하지만 전쟁이 길어지면서 점점 많은 사람들이 죽거나 포로로 끌려갔어. 몽골군이 가는 곳마다 사람들이 울부짖는 소리가 끊이지 않았고, 나라 곳곳이 불바다가 되었지. 결국 견디지 못한 **고려 정부는 몽골에 항복하고 말았어.**

고려의 왕을 원나라가 정한다고?

거대한 제국을 건설한 몽골은 나라 이름을 **원나라**로 바꿨어. 그리고 고려에 무리한 요구를 하기 시작했어.

"흐흐, 우리가 시키는 대로 안 하면 어떻게 되는지 알지?"

원나라는 고려의 땅을 마음대로 차지하고, 엄청난 양의 공물을 바치라고 요구했어. 또 제멋대로 고려 사람들을 원나라로 끌고 가기도 했지. 심지어는 고려의 왕이 마음에 안 든다며 자기들 **마음대로 왕을 바꾸어 버리기도** 했어. 으, 힘없는 설움이라니…. 분하다, 분해!

> **공물**
> 왕이나 황제에게 바치는 물건을 말해.

1356년 공민왕의 개혁 시작

"나쁜 짓을 일삼던 놈들, 모조리 청소해 주마!"

"저도 돕겠어요~."

개혁 청소기

위이잉

으아, 살려 줘~!

개혁
제도나 기구 같은 것을 새롭게 뜯어고치는 것을 말해.

고려를 개혁한 공민왕

원나라의 간섭이 심해지자, 원나라의 힘만 믿고 백성들을 괴롭히는 권문세족이 나타났어. 그러자 고려의 공민왕은 고려를 개혁하기로 결심했어.

권문세족
벼슬이 높고 힘 있는 집안을 말해.

 **"원나라의 간섭도 물리치고, 백성들에게 행패를 부리는 자들도 내쫓아야겠다!"**

공민왕은 원나라가 약해진 틈을 노렸어. 그리고 재빨리 원나라를 공격해 빼앗긴 땅을 되찾았지! 공민왕은 **원나라만 믿고 설치던 자들도 쫓아냈어.** 그들이 빼앗은 땅과 억울하게 노비가 된 사람들도 원래대로 되돌려 주었어. 이제야 속이 좀 ♪시원하네!

105

새로운 세력이 성장하다

공민왕이 죽은 후에도 **고려의 혼란을 바로잡으려는 사람들은** 계속 나타났어. 우선 **신진 사대부**들이 있었어. 신진 사대부는 유학을 공부하고 그 가르침대로 고려를 이끌려고 했던 선비들이야. 여기에 백성들의 **영웅으로 떠오른 무신들**도 있었지.

"와아! 백성들을 괴롭히던 왜구를 물리친 장군님들이다!"

왜구
우리나라를 약탈하던 일본의 해적이야.

바로 최영과 이성계였어. 신진 사대부와 새로운 무신들은 고려의 앞날을 이끌어 갈 세력으로 기대를 받았어. **과연** 앞으로 고려의 앞날은 어떻게 될까?

역사반 쉬는 시간

얘들아 안녕~!

전혀 안녕하지 못해! 역사반 회장으로서 쟤들 좀 어떻게 해봐!

우르르르

시끄러워 정말! 쟤들은 도무지 조용할 날이 없네!

어당탕

이럴 줄 알고 내가 특별히 준비한 것이 있지!

오호! 역시 역사반 회장!

우르르르

이제야 조용해졌네~♪

헐….

 **더 생각해 보기**

어휴, 하다와 수재의 장난 때문에 시끄러워 살 수가 없어!
우리 역사반에도 공민왕이 그랬던 것처럼 개혁이 필요해.
그런데 **공민왕은 고려를 개혁하기 위해 어떤 노력을 했었지?**

왕수재의 정리王 왕!

1. 고려가 후삼국을 통일하다
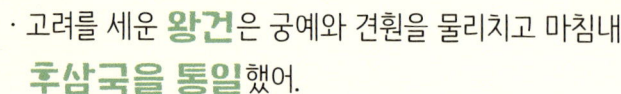
- 고려를 세운 **왕건**은 궁예와 견훤을 물리치고 마침내 **후삼국을 통일**했어.
- 광종은 호족들을 제거하고 **과거제**를 실시해 왕권을 강화했어.
- 성종은 **최승로**의 건의를 받아들여 나라의 제도를 정비했어.

2. 여러 나라와 교류하다

- 거란이 침입해 오자, 고려는 **서희**와 **강감찬**을 보내 물리쳤어.
- 여진이 위협하자 고려는 **별무반**을 보내 여진족을 정벌했어.
- 고려는 송나라·거란·여진·일본은 물론 **아라비아 상인**과도 교류했어.
- 고려는 **팔관회** 같은 불교문화와 **고려청자**, **금속 활자** 등 과학 기술이 발달했어.

슈퍼 천재 왕수재가 1분 만에 정리해 줄게!

3. 혼란에 빠진 고려

- 고려는 **몽골군**의 침입에 오랫동안 맞서 싸웠지만 결국 항복하고 말았어.
- 원나라는 고려의 왕을 바꾸는 등 고려의 **정치에 깊이 간섭**했어.
- 고려 말 **공민왕**은 여러 **개혁을 시행**했어.

🚩 가로 열쇠

❸ 몽골군이 쳐들어오자 고려 정부는 이곳으로 수도를 옮겼어.

❹ 새로운 부대인 별무반을 만들고 여진을 정벌한 사람이야.

❻ 고려 말의 선비들이야. 유학의 가르침대로 고려를 개혁하려고 했어.

❽ 고려의 왕이야. 원나라의 간섭을 물리치려고 노력했어.

❿ 고려의 대표적인 예술품이야. 귀족들은 이걸로 그릇은 물론 다양한 생활용품을 만들어 썼어.

🚩 세로 열쇠

❶ 고려의 가장 큰 불교 행사야.

❷ 후백제·후고구려·신라가 맞서 경쟁하던 시대를 말해.

❸ 고려에 쳐들어온 거란을 귀주에서 물리친 장군이야.

❺ 문신에 비해 차별을 받자 반란을 일으켜 정권을 차지한 사람들이야.

❼ 종이에 글자를 찍어 내는 데 썼어. 고려가 세계 최초로 만들었어.

❾ 고려를 세우고 후삼국을 통일한 사람이야.

4 양반의 나라 조선

이성계는 혼란한 고려를 무너뜨리고 새 나라 조선을 세웠어.
세종은 훈민정음을 만들고 과학기술과 문화를 크게 발전시켰지.
나라의 제도를 갖추며 평화롭게 지내던 조선은
일본이 일으킨 임진왜란으로 전쟁터가 되었지.
그 뒤엔 다시 청나라의 침입으로 큰 어려움을 겪었어.

이성계가 조선을 세우다

한양으로 도읍을 옮기다

세종이 훈민정음을 만들다

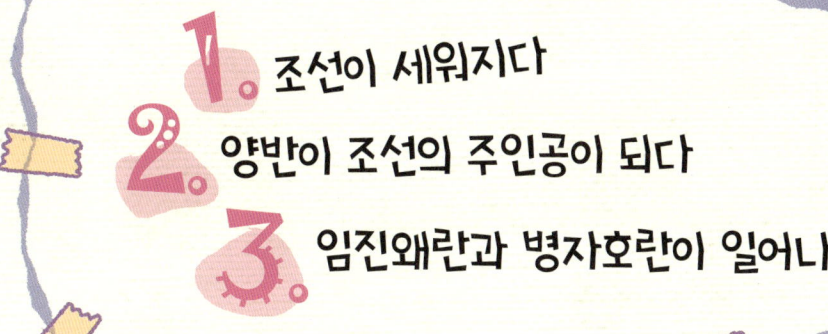

이성계, 위화도에서 군대를 돌리다!

고려는 기울어 가고 있었어. 귀족들은 백성들을 괴롭혔고, **이성계**의 한숨도 늘어 갔어.
"휴… 고려의 앞날에 희망은 있는 걸까?"
그 무렵 중국에서 새로 일어난 명나라가 고려에 땅을 내놓으라고 요구했어.
그러자 고려 왕은 이성계에게 명나라의 요동 땅을 공격해 본때를 보여 주라고 했지.
이성계는 망설였어. "명나라처럼 큰 나라와 싸우라니…!"
고민 끝에 이성계는 압록강의 **위화도**에서 군대를 돌려 개경으로 돌아왔어.
왕의 명령을 어긴 거야!

새 나라 조선을 세우다

바람같이 군대를 몰고 온 이성계는 순식간에 권력을 차지했어. 그리고 정도전, 정몽주 등 신진 사대부와 함께 썩은 귀족들을 몰아냈지. 사람들은 점차 이성계가 새 나라의 왕이 되길 바랐어. 하지만 **정몽주**는 달랐어. 이성계의 아들 **이방원**이 함께하자고 설득해도,

"나는 백 번 죽어도 고려의 신하요. 두 나라를 섬길 수는 없소!"

라고 말할 뿐이었지. 정몽주는 결국 이방원에게 죽임을 당하고 말았어. 반대 세력이 없어지자, 이성계는 새 나라 조선을 세웠어.

"새 나라에는 새 수도가 필요해."

태조 이성계는 개경을 떠나 **한양**에 자리 잡았어.
한양은 지금의 서울이야. 이곳은 옛날부터 땅이 기름져 농사가 잘되고, 육지와 강을 따라 어디로도 통했지. 산이 많아 방어에도 유리했어.
지금도 서울에는 조선 시대의 흔적이 많이 남아 있어.
조선의 첫 번째 궁궐인 **경복궁**도 있고, **종묘**와 **사직단**도 있지.
저기 산을 따라 한양을 빙 둘러싼 성벽도 보이네. 주말에 역사반 친구들과 함께 이곳으로 소풍 갈까?

종묘
종묘는 조선 시대 여러 왕과 왕비의 이름이 적힌 나무패를 모신 곳이야.

사직단
사직단은 농사가 잘 되도록 토지와 곡식의 신에게 제사를 지내던 곳이야.

태종, 왕의 힘을 크게 키우다

태종 이방원은 자신이 왕이 되는 데 걸림돌이 되는 사람들을 **하나하나** 없애 버렸어. 어린 동생도, 조선을 세우는 데 공이 컸던 정도전도 매몰차게 제거해 버렸어! 그리고는 **왕의 힘을 키우기 위해** 온 힘을 다했지.

"누구도 왕에게 도전할 수 없어. 정치도 내가 이끌어 갈 거야!"

태종은 신하들이 마음대로 군사를 거느릴 수 없도록 했어. 전국을 **8개의 도**로 나눠 각 도에 왕이 임명한 관리를 보냈지. 또한 16세가 넘은 남자에게는 모두 **호패**를 차도록 했어.

> **호패**
> 세금을 내는 사람이 누구인지 알 수 있도록 이름과 태어난 해 등을 새긴 패야.

세종은 현명한 인재를 키우고 아꼈어. 학문을 연구하는 곳인 **집현전**을 궁궐 안에 만들고 신하들이 이곳에서 학문에 힘쓸 수 있도록 배려해 주었어.
세종은 집현전에서 늦은 밤까지 글을 읽는 **신숙주**를 보고 슬며시 겉옷을 벗었어.

"신숙주가 밤늦도록 고생이 많구나. 잠이 들면 내 옷을 이불처럼 덮어 주거라."

인재를 아끼는 세종의 마음이 느껴지지 않니?
이 소식이 알려지자 신하들은 감동하여 더욱 학문에 힘썼다고 해.

세종은 백성이 잘사는 방법도 고민했어. 농사법을 연구한 거야.

"지금의 농사 책은 모두 중국의 것이다. 조선에 맞는 농사법이 필요해!"

세종은 농사 경험이 풍부한 농부들에게 농사법을 일일이 물어 《**농사직설**》이라는 책을 펴냈어. 그리곤 백성에게 널리 알렸지. 또 **물시계**와 **해시계**, **측우기** 등 시간과 비의 양, 해의 움직임 등을 가늠할 수 있는 도구도 만들었어. 이것들은 모두 백성이 ㉡ 알맞은 때에 씨를 뿌리고 열매를 수확할 수 있게 도움을 주었어.

세종은 나라의 소식을 백성들에게 알리고 싶어 했어.
또 백성들이 글을 몰라 억울한 일을 당하지 않게 해 주고 싶었지.
"누구나 쉽고 빠르게 배울 수 있는 문자를 만들어야겠다!"
당시 **백성들은 글을 몰랐어.** 관리들은 중국의 문자인 **한자**를 익혀 사용했지만,
한자는 워낙 글자 수가 많고 복잡해 백성들이 배우기가 어려웠거든.
1444년 세종은 마침내 **훈민정음(한글)**을 세상에 내놓았어.
이제 사람들은 **28개의 글자**만 알면 자기 생각을 글로 표현할 수 있게 된 거야!

역사반 쉬는 시간

> 보물찾기 시간이에요! 쪽지를 찾아보세요!

와아

> 오, 1등이다! 선물은 필기구 세트!

> 에이~ 뭐가 좋아!

> 우아, 난 2등이야! 선물은 공책 10권!

> 에이~ 시시해!

> 야호, 5등이다! 내 선물이 최고야. 초코파이!

> 저렇게 좋을까…!

더 생각해 보기

뭐, 너희들도 보물찾기를 하고 싶다고? 선생님께 들었는데, 지금도 전국 방방곡곡에는 조선 시대의 보물이 남아 있대. **너희들 주변에는 조선 시대의 어떤 보물들이 남아 있니?**

2. 양반이 조선의 주인공이 되다

노상알현도
조선 후기의 화가 김득신이 그린 그림이야.
상민들이 길거리에서 양반에게 인사하고 있어.

아이고~ 허리야!

세조, 조카의 왕위를 빼앗다

뭐? 부럽다고?

세종의 손자인 단종은 어린 나이에 왕이 됐어. 전혀 부러울 일이 아니야! 작은아버지 **수양 대군**이 왕의 자리를 노리고 있단 말이야. 벌써 단종과 가까운 신하들을 죽였어! 겁에 질린 단종은 결국 왕위에서 내려왔지.

"왕의 자리를 수양 대군에게 넘기겠소!"

이렇게 해서 왕이 된 수양 대군이 바로 **세조**야. 세조는 자기가 왕이 될 수 있게 도와준 신하들을 공신으로 삼고 많은 땅과 노비를 내려 주었지. 공신의 힘은 점점 커져만 갔어.

> **공신**
> 나라에 특별한 공을 세운 신하를 말해.

세조는 태종처럼 힘센 왕이 되고 싶었어. 그래서 많은 군사를 길러 곁에 두는가 하면, 여러 관청으로부터 직접 보고 받고 모든 일을 자신이 결정했지. 그런데 나랏일을 처리하려고 보니 기준이 될 법이 없는 경우가 많았어. 또 법이 여러 책에 흩어져 쓰여 있어 헷갈리기도 했지.

"이래서는 안 된다! 법을 한데 모으고, 필요한 법은 새로 만들겠다!"

세조는 훗날 나라를 다스리는 데 기준이 될 법을 모은 《**경국대전**》을 만들기 시작했어.

쓴소리를 아끼지 않는 사림

성종과 신하들이 기뻐하고 있네. **성종** 때에 비로소 《경국대전》이 완성됐거든.
기쁨도 잠시, 성종에게는 고민이 있었어.
세조 때 등장한 **공신**들이 여전히 권력을 휘두르고 있는 거야.

**"이들을 그냥 두었다간 바른 정치를 할 수 없어.
새로운 신하들이 필요해."**

성종은 지방에서 **성리학**을 공부하던 선비들을 곁으로 불렀어.

> **성리학**
> 조선 시대에 널리 퍼졌던 유학의 한 갈래야.

"전하, 잘못된 것은 싹 바로잡아야 합니다!"
이들은 **왕과 신하들의 잘못**을 과감히 비판했어.
이 **올곧은** 선비들을 **사림**이라고 해.

빨... 빨리 찍어 주세요~!

자, 찍습니다! 김~치~!

드디어 《경국대전》 완성!

견디다 못한 신하들은 힘을 합쳐 연산군을 내쫓고 **중종**을 왕으로 세웠어. 중종은 다시 사림을 불러들였지. 그중엔 이름난 선비 **조광조**도 있었어. 조광조는 **공신들의 잘못을** 따지기 시작했어.

"공도 없으면서 공신이 된 자들이 있소!"

그러자 불안해진 공신들은 조광조를 모함하기 시작했어.

"전하, 조광조가 왕이 되려고 합니다!"

그 말을 들은 중종은 그만 조광조를 죽이고 그를 따르던 **사림을 궁 밖으로 쫓아냈어.**
사림의 활약은 과연 이렇게 끝나는 걸까?

사림, 지방에서 힘을 키우다

천만의 말씀! 좌절도 잠시, 사림은 부지런히 실력을 키워 나갔어.

"실력을 쌓으면 언젠간 뜻을 펼칠 날이 올 거야!"

사림은 **서원**에서 **성리학**을 공부하면서 미래에 나랏일을 할 준비를 했어.
또 마을 사람들이 지켜야 할 **향약**을 만들고 알렸어.
향약은 성리학의 가르침에 따라 서로 돕고 효도할 것을 강조한 **마을 규칙**이야.
사림은 사람들이 잘 지키는지 감독하면서 마을에서 점점 힘 있는 사람이 됐어.
힘을 키운 사림은 마침내 선조 때 조정을 가득 메웠단다.

> **서원**
> 선비가 모여서 유학을 공부하고, 옛 유학자에게 제사를 지내던 곳이야.

태어날 때부터 신분이 정해진 백성

사림은 왜 이렇게 공부만 했냐고?
이들은 양반이었기 때문이야.
조선 시대 사람들은 **신분에 따라 하는 일도 달랐어.**
조선 시대의 여러 신분을 체험하고 있는 역사반 친구들의 이야기를 들어 보자.

> **신분**
> 사람이 그 사회에서 지니는 지위를 말해.

난 **양반**이야.
글공부만 했더니 허리가 아프네.
나중에 나랏일을 해야 하니까
부지런히 공부해 두는 거야.
농사? 노비가 짓고 있지.
내 땅에서 농사짓는 농민에게는
대가로 곡식도 받아.

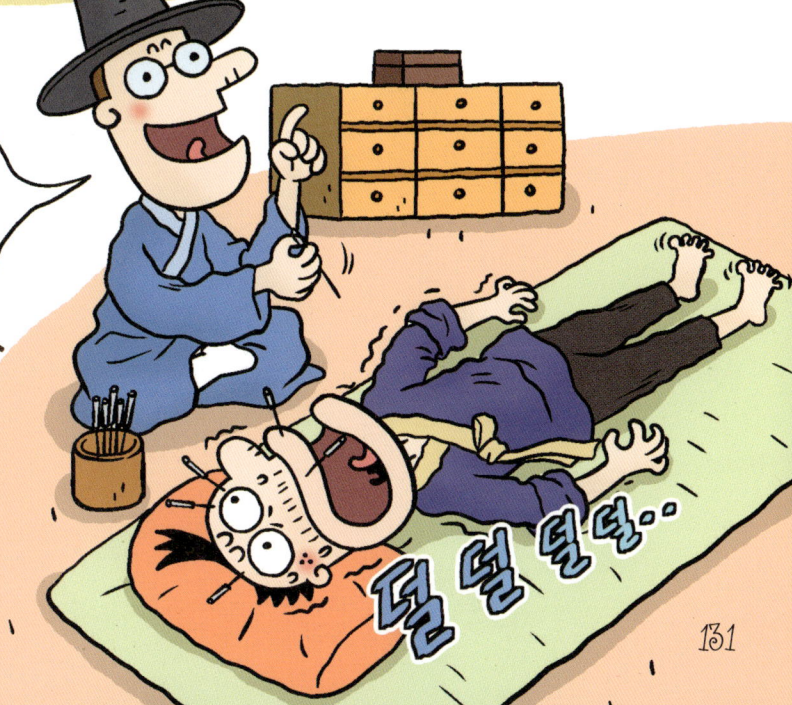

난 **중인**이야.
환자를 치료하는 일을 하고 있어.
중인은 양반과 상민의 중간 신분인데,
외국어를 통역하는 역관,
병을 고치는 의관, 법률을 다루는
사람처럼 전문적인 일을
많이 해.

덜덜덜덜··

역사반 쉬는 시간

 **더 생각해 보기**

조선 시대 신분 체험은 정말 재미있었어! 나중에 다시 하려면
조선 시대 신분에 대해 잘 기억해야겠어.
조선 시대에는 어떤 신분이 있었지?

3. 임진왜란과 병자호란이 일어나다

싸우는 데 도가 튼 일본

조선은 세워진 뒤 200년 동안 큰 전쟁 없이 **평화**를 누리고 있었어. 점차 군사의 수는 줄고, 무기엔 퍼런 녹이 슬었지. 반면 이웃 나라 일본은 여러 세력들이 백여 년 동안 전쟁을 벌이고 있었거든. 그러다 보니 싸우는 데는 도가 튼 거야. 마침내 **일본을 통일**한 도요토미 히데요시는 **헛된 꿈**을 꾸기 시작했어.

"명나라를 정복해야겠다. 그러려면 우선 조선을 밟고 가야겠군!"

도요토미의 칼끝은 이제 조선을 향했어.

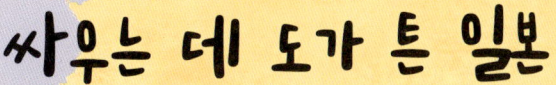

얘네 뭐라니? 왠지 불안해!

명나라를 칠 수 있도록 길을 열어라!

일본이 조선에 쳐들어오다!

"적이 개미 떼같이 몰려온다!"

1592년 **일본**은 끝이 보이지 않는 대군을 이끌고 부산에 쳐들어왔어. 조총으로 무장한 일본군은 한양을 향해 돌진했지.

> **조총**
> 일본군이 썼던 총이야. 당시로서는 무시무시한 위력을 가진 최신 무기였지.

놀란 **선조**는 **신립 장군**을 보냈지만 그 역시 일본군에게 당하고 말았어. 선조는 당황하여 허둥지둥 궁궐을 버리고 명나라 국경 가까운 곳까지 달아났어.

"흑… 이대로 조선이 망하는 것인가!"

간신히 몸을 추스른 선조는 명나라의 도움을 받아야 했지. 조선은 여전히 바람 앞의 등불처럼 위태로웠어!

하지만 조선에는 **이순신 장군**이 있었어. 이순신은 일찍부터 전쟁에 대비해 왔어.
녹슨 무기는 다시 날카롭게 만들고, 낡은 배는 튼튼하게 수리했어.
남해안의 구불구불한 지형을 파악하고 시시때때로 바뀌는 물살도 익혔지.
전쟁이 일어나자 이순신은 그동안 준비한 것을 바탕으로 뛰어난 전략을 세웠어.
일본군 함대를 유인해 학의 날개로 감싸듯 둘러쌌지.

"지금이다! 대포를 쏴라!"

수군
조선 시대에 바다를 지키던 군대야.

조선 수군은 한산도에서 큰 승리를 거뒀어.
이게 바로 **한산도 대첩**이야.

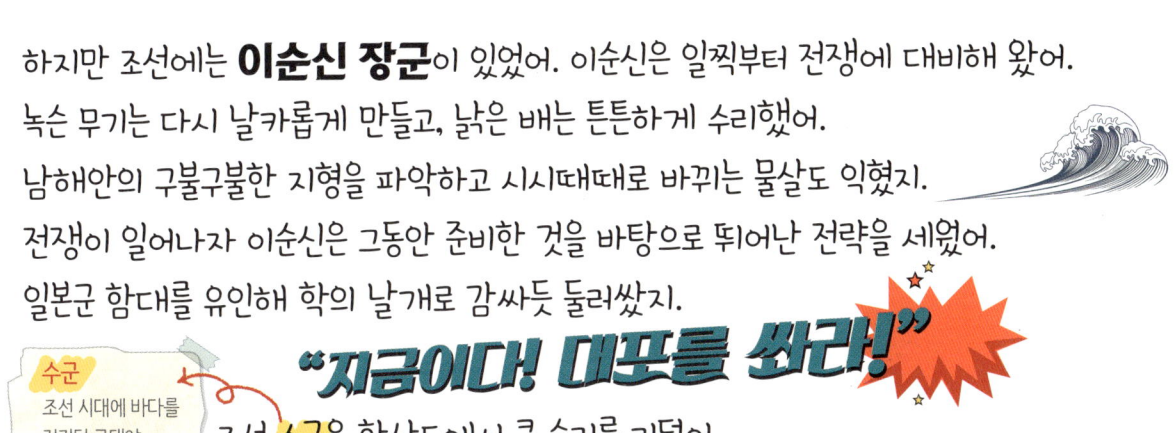

일본군을 포위해 공격하라!

쾅 쾅 쾅

아뿔싸! 적의 작전에 당했다!

광해군, 황폐해진 조선을 살려라!

오랫동안 일본군에 짓밟힌 조선은 폐허가 돼 있었어.
"내 기필코 조선을 다시 세우리라!"
왕이 된 광해군은 굳게 결심했어. **논과 밭**은 일구고,
백성의 세금은 줄여 주었지. 특히 백성들은 원래 지역마다
특산물을 나라에 바쳐야 했는데, 이걸 더 구하기 쉬운 **쌀**로
바꿔 낼 수 있도록 했어. 이걸 **대동법**이라고 해.
야호! 세금 부담이 크게 줄어든 백성들은 기뻐했지.
하지만 곧 북쪽에서 또 위기가 닥쳐왔어.
후금이란 나라가 힘을 키워 조선을 위협한 거야!

후금은 먼저 명나라로 쳐들어갔어. 다급해진 **명나라는 조선에 도움을 요청했지.** 광해군은 고민에 빠졌어.

광해군은 **어느 편도 들지 않으면서** 조선의 안전을 지켰어. 하지만 나라 안은 곧 시끄러워졌지.

"**전하, 임진왜란 때 우리를 도와준 명나라를 잊지 마시옵소서!**"

조선이 후금과 친하게 지내는 것을 싫어한 신하들이야!

급기야 신하들은 광해군을 왕의 자리에서 끌어내렸어!

청나라에 복수의 칼을 갈다

새 왕이 된 인조는 명나라와 친하게 지내고 후금과는 거리를 두었어.
그러자 후금은 힘을 키워 나라 이름을 **청**으로 고치더니 조선을 위협했어.
"청은 황제의 나라다! 너희는 우리의 신하가 되어라!"

 조선은 코웃음 쳤지. 그런데 **세상에!** 청나라가 진짜 쳐들어온 거야.
막강한 청나라의 군대 앞에 조선군은 상대가 되지 않았어.
남한산성으로 피신한 왕과 신하들은 고민에 고민을 거듭하다 결국
청나라에 항복하고 말았어. 왕자와 신하들은 청나라로 끌려갔지.

"청나라를 쳐서 아버지의 원수를 갚겠노라!"

왕자 시절, 청나라에서 매일 밤 **복수의 칼**을 갈아 온 **효종**이 왕이 되었어. 효종은 군사를 늘리고 밤낮없이 훈련을 시켰어. 무너진 성벽을 수리해 혹시 있을지 모를 적의 침입에도 대비했지. 그런데 효종이 갑작스레 세상을 떠나고 만 거야! 10년이나 공들인 청나라 정벌의 꿈도 물거품이 되었지. 하지만 효종의 노력이 소용없었던 것은 아니야. 덕분에 **조선은 더 튼튼하고 강한 나라**가 될 수 있었으니까.

역사반 쉬는 시간

> 큰일이네. 이렇게 눈이 계속 오면, 내일 등굣길이 위험하겠는데?

> 너희들 뭐하니?

> 학교가 위기에 처했는데 우리가 나서야죠. 역사반 의병!

> 짠~

> 기특하구나! 그래, 가서 눈 치우렴!

> 아이고, 그럼 그렇지…!

헤헤, 우리 역사반 의병은 눈싸움에 빠져 버렸네. 하지만 **임진왜란 때는 수많은 백성이 의병이 되어 무기를 들고 일어났어. 백성들은 왜 이런 행동을 했을까?**

왕수재의 정리왕 왕!

1. 조선이 세워지다

- **이성계**는 위화도에서 군대를 돌려 고려 왕을 쫓아내고 **조선**을 세웠어.
- **태종**은 왕족과 외척, 공신들을 제거하고 **왕권**을 강하게 했어.
- **세종**은 **훈민정음** 등을 만들며 조선의 문화를 크게 발전시켰어.

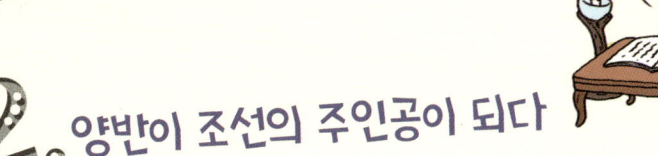

2. 양반이 조선의 주인공이 되다

- **사림**은 점차 정치에 참여하며 왕과 공신들의 잘못을 **과감히 비판**했어.
- 그러자 왕과 공신들은 사림들을 **죽이거나 지방으로** 내쫓기도 했어.
- 사림은 지방에서 힘을 길러 선조 때에는 마침내 **중앙 정치를 주도**했어.
- 조선 시대에는 **양반**과 **중인**, **상민**과 **천민** 네 개의 신분이 있었어.

3. 임진왜란과 병자호란이 일어나다

- 1592년 **일본이 조선을 침략**하여 오랜 전쟁 끝에 조선은 큰 피해를 입었어.
- 임진왜란이 끝난 뒤에 **광해군**은 나라를 다시 세우기 위해 노력했어.
- 1636년 청나라가 침입하여 조선은 **청나라에 항복**을 하고 말았어.

슈퍼 천재 왕수재가 1분 만에 정리해 줄게!

🚩 가로 열쇠

1. ○○궁은 조선 시대 궁궐 가운데 가장 먼저 지어진 궁궐이야.
3. 중종 때 대표적인 사림이야. 공이 없는 공신을 가려내야 한다고 주장했어.
5. 이순신이 학의 날개 모양으로 싸워 크게 이긴 전투를 말해.
7. 태조 이성계가 정한 조선의 수도야.
9. 조선 시대의 장군. 임진왜란 때 조선의 수군을 이끌어 큰 승리를 거두었어.
11. 조선 시대의 왕과 왕비의 이름이 적힌 나무패를 모시고 제사를 지내는 곳이야.

🚩 세로 열쇠

1. 조선의 법을 모아 낸 책이야. 성종 때 완성됐어.
2. 조선에 청나라가 쳐들어오자 인조는 이곳으로 피신했어.
4. 임진왜란 이후 왕이 되었어. 명나라와 후금 사이에서 어느 편도 들지 않았어.
6. 나라를 위해 특별히 공이 있는 신하를 말해. ○○이 되면 나라에서 많은 혜택을 주었지.
8. 조선 시대 사람들은 ○○-중인-상민-천민의 네 신분으로 구분되었어.
9. 이 사람은 위화도에서 돌아와 권력을 차지하고 새 나라 조선을 세웠어.
10. 훈민정음(한글)을 만든 왕이야.

조선을 세운 태조 이성계는 새로운 수도 한양을 건설하도록 했어.
나라의 새 출발을 위해서는 그에 어울리는 새로운 터전이 필요했기 때문이야.
우리 손으로 새로운 수도 한양을 꾸며 볼까?
안내문을 잘 읽고, 책 뒤에 있는 스티커를 알맞은 장소에 붙여 보자.

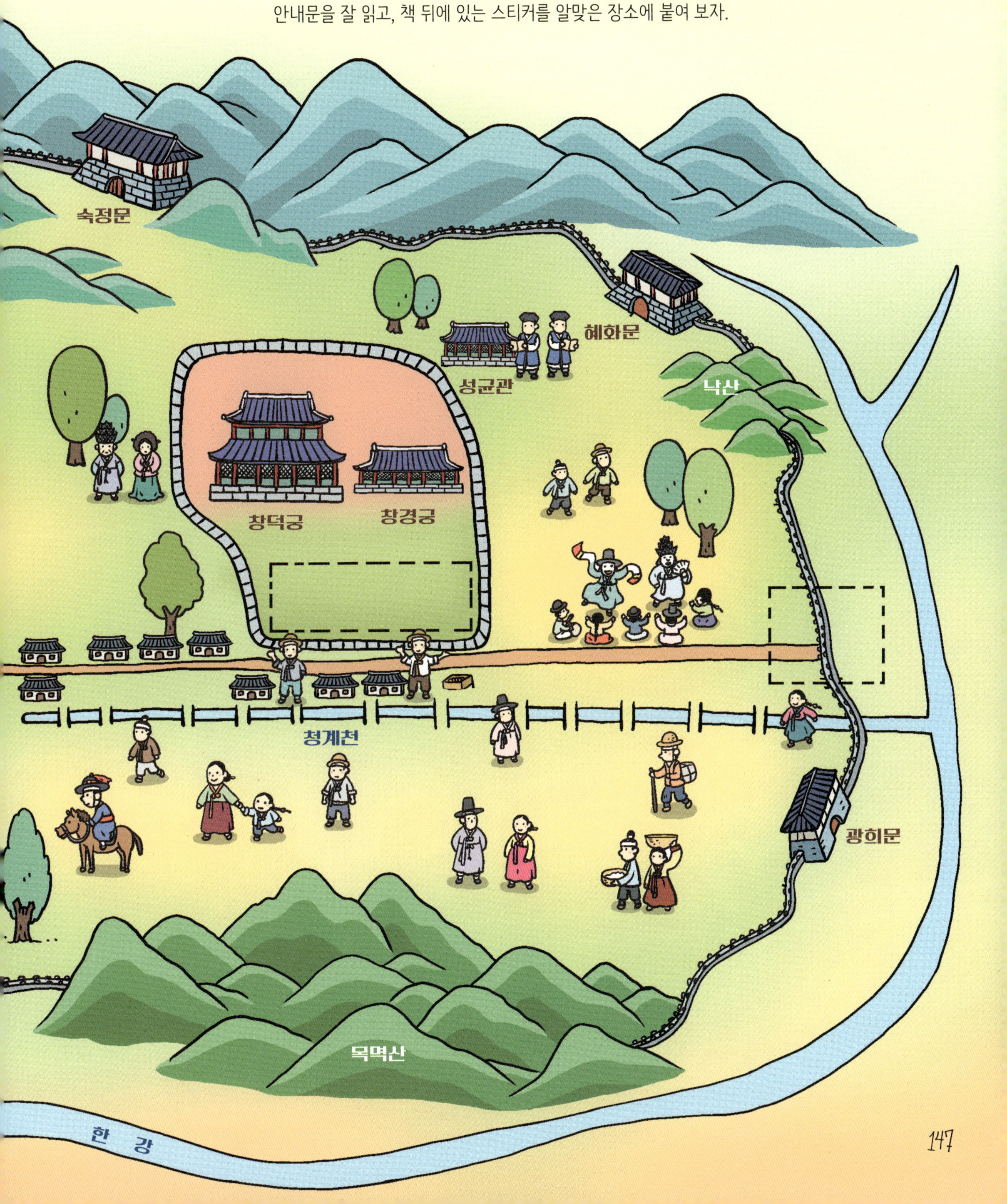

숙정문

혜화문

성균관

낙산

창덕궁   창경궁

청계천

광희문

목멱산

한 강

147

정답 및 풀이 1단원

🗨️ 더 생각해 보기

1-1 우리 역사 첫 나라 고조선
우리가 지금 살고 있는 시대는 뭐라고 부르면 좋을까?

돌을 떼어 도구를 만든 시대는 구석기 시대, 돌을 갈아 사용한 시대는 신석기 시대, 청동을 사용해 도구를 만든 시대는 청동기 시대라고 불렀지? 그럼 오늘날은 무슨 시대라고 부르면 좋을까? 플라스틱을 많이 사용하니까 '플라스틱 시대'라고 이름을 붙여 볼까? 아니면 컴퓨터를 많이 쓰니 '컴퓨터 시대'는 어때? 너희들도 자유롭게 우리가 살고 있는 시대의 이름을 붙여 봐.

1-2 고구려, 백제, 신라와 가야가 세워지다
삼국은 어떻게 왕을 중심으로 힘을 모을 수 있었을까?

가야는 여러 작은 나라들이 모여 이루어진 나라였어. 그러다 보니 여러 나라의 지도자들이 제각기 힘을 가지고 있어 그 힘을 한데 모으기가 어려웠지. 반면 고구려, 백제, 신라는 달랐어. 각 나라의 왕이 정치와 군대를 이끌며 전쟁을 일으켰거든. 전쟁이 이어지면서 왕의 힘은 점점 커졌어. 이렇게 삼국은 왕을 중심으로 힘을 모아 이웃 나라를 정복하면서 강한 나라를 만들어 나갔던 거야.

1-3 삼국이 한강을 두고 다투다
삼국은 왜 한강을 둘러싸고 경쟁을 벌인 걸까?

한강은 한반도의 가장 중심에 위치해 있어 어디든 가기 편했어. 그 주변엔 기름지고 넓은 평야도 있었지. 또 한강에 배를 띄우면 무거운 물건을 실어 나르기 편했어. 뱃길로 중국에 가기도 좋아서 중국으로부터 앞선 문물을 받아들이기 유리했지. 한강은 이렇게 한 나라가 발전하는 데 큰 역할을 했기 때문에, 주변 나라들이 저마다 한강을 차지하려고 했던 거야.

가로세로 퀴즈 정답

	①칠				②간
	지				석
③주	먹	도	끼	④청	⑤동
몽					굴
	⑥세		⑦근		
	⑧기	원	초		
			⑨고	조	선
⑩광	개	토	대	왕	

 정답

148

더 생각해 보기

2-1 신라가 삼국을 통일하다

너희들은 당나라를 끌어들인 신라의 삼국 통일을 어떻게 생각하니?

신라는 우리 역사에서 처음으로 한반도의 여러 나라를 통일한 나라야. 신라의 삼국 통일은 고구려, 백제, 신라 사람들이 한 나라에 모여 우리 민족 문화를 발전시키게 됐다는 점에서 큰 의미가 있어. 하지만 완전한 통일이 아니라고 비판하는 사람도 있어. 신라가 당나라를 끌어들여 고구려, 백제를 멸망시킨 데다, 고구려의 넓은 땅도 대부분 중국에 빼앗겨 버렸기 때문이야. 너희들 생각은 어때?

2-2 통일 신라의 발전된 문화

너희들은 신라의 어떤 문화재를 좋아하니? 그 이유도 알려 줘.

천년 동안 신라의 수도였던 경주에는 지금도 신라 사람들이 만들었던 건물이나 물건들이 많이 남아 있어. 그것들은 아주 오래된 역사 유적·유물인 만큼 그 가치가 매우 높아. 그래서 2000년 유네스코는 경주 전체를 세계가 보호해야 할 문화유산으로 선정했어. 선생님은 그중에서도 불국사와 석굴암이 가장 먼저 떠오르네. 신라의 수준 높은 불교 예술을 느낄 수 있기 때문이야.

2-3 동아시아의 강대국 발해

고구려와 발해 문화가 서로 닮은 이유는 무엇일까?

발해는 당나라를 비롯해서 여러 나라의 문화를 받아들였어. 그중에서도 고구려의 뒤를 이은 나라인 만큼 고구려 문화를 많이 받아들였지. 그래서 발해의 수도였던 상경성에는 고구려인들의 흔적이 많이 남아 있어. 고구려의 씩씩한 기상을 닮은 석등을 비롯해서 연꽃무늬 기와나 석탑 같은 발해의 유물들은 고구려의 유물을 꼭 닮아 있지.

가로 세로 퀴즈 정답

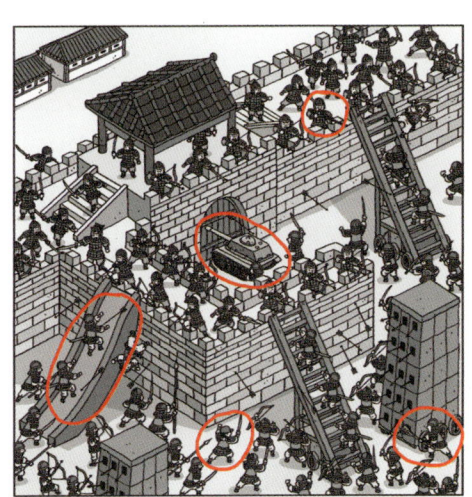

 정답

3단원

더 생각해 보기

3-1 고려가 후삼국을 통일하다

왕건이 후삼국을 통일할 수 있었던 비결은 무엇일까?

왕건은 난폭한 궁예를 내쫓고 왕이 된 후 호족들을 자기편으로 끌어들이기 위해 노력했어. 또 신라도 힘으로 위협하기보다는 도움을 줘서 신라 사람들의 마음을 얻었지. 백성들을 위한 정책도 많이 펼쳤어. 호족들과 백성들의 마음을 얻게 되자, 신라의 항복도 받아낼 수 있었지. 결국 왕건은 많은 사람들의 마음을 얻으려고 노력했기 때문에 후삼국을 통일할 수 있었던 거야.

3-2 여러 나라와 교류하다

서희는 침입해 온 거란군을 어떻게 돌려보낼 수 있었을까?

서희는 고려 최고의 외교관으로 꼽히는 인물이야. 고려는 중국의 송나라와 친하고 거란과는 사이가 나빴어. 거란은 여기에 불만이 있었지. 서희는 거란이 고려를 공격하는 이유가 고려 땅을 차지하기 위해서가 아니라 고려와 송나라가 손잡는 걸 막기 위해서라는 걸 알았어. 그래서 거란군에게 앞으로 고려가 거란과 사이좋게 지낼 것이니 돌아가라고 했지. 결국 송나라와 거란, 고려의 국제 관계를 잘 읽어서 어려움을 이겨낼 수 있었던 거야.

3-3 혼란에 빠진 고려

공민왕은 고려를 개혁하기 위해 어떤 노력을 했었지?

공민왕은 원나라의 간섭에서 벗어나기 위해 다양한 개혁을 실시했어. 원나라에 빼앗긴 땅을 공격해 되찾아오는가 하면, 원나라의 힘을 믿고 횡포를 부리던 권세가들도 쫓아냈지. 또 이들이 백성들에게 빼앗은 땅과 억울하게 노비가 된 사람들까지 원래대로 되돌려주었어.

가로세로 퀴즈 정답

	❶팔	❷후		❸강	화	도
❹윤	관	삼		감		
	회	국		찬		
❺무		시				
❻신	진	사	대	부		❼금
						속
❽공	민	❾왕				활
		건	❿고	려	청	자

 정답

더 생각해 보기

4-1 조선이 세워지다

너희들 주변에는 조선 시대의 어떤 보물들이 남아 있니?

서울에는 경복궁, 창덕궁과 같은 궁궐이 있고, 종묘, 사직단, 그리고 사대문을 둘러싼 한양 도성도 있어. 또 경기도 구리와 고양에는 조선 시대의 왕릉들이 자리 잡고 있단다. 수원에는 수원 화성이 있네. 경주 양동 마을에는 조선 시대 전통 한옥이 잘 보존돼 있지. 이 외에도 전국 각지에 서원과 향교를 비롯해서 많은 유적과 유물이 남아있어. 각자 우리 주변에 있는 조선 시대 보물을 떠올려보자.

4-2 양반이 조선의 주인공이 되다

조선 시대에는 어떤 신분이 있었지?

조선 시대 사람들은 양반, 중인, 상민, 천민의 네 계층으로 구분되었지. 양반은 글공부를 하며 관리가 되기 위해 노력하고, 중인은 관청에서 일하거나 의학, 통역 등 전문적인 일을 했어. 상민은 농민이나 상인, 수공업자로 나라에 세금을 냈지. 천민은 최하층 신분으로 대부분 노비였어.

4-3 임진왜란과 병자호란이 일어나다

임진왜란 때는 수많은 백성이 의병이 되어 무기를 들고 일어났어. 백성들은 왜 이런 행동을 했을까?

임진왜란이 일어나자 전국에서 양반에서 천민에 이르기까지 다양한 신분의 의병이 들고 일어났어. 임진왜란이 일어나는 동안 일본군은 조선의 논과 밭을 짓밟고 백성을 죽이거나 포로로 잡아갔어. 수많은 의병들은 나라는 물론 남은 가족을 지키기 위해 싸웠던 걸 거야. 너희들이라면 어떻게 행동했을까? 자유롭게 상상해 보자.

가로 세로 퀴즈 정답

		❶경	복			
❷남		국		❸조	❹광	조
❺한	산	도	대	첩	해	
산		전			군	
성					❻공	
		❼한	❽양		❾이	순	신
❿세			반		성	
⓫종	묘				계	

역사야 놀자 정답

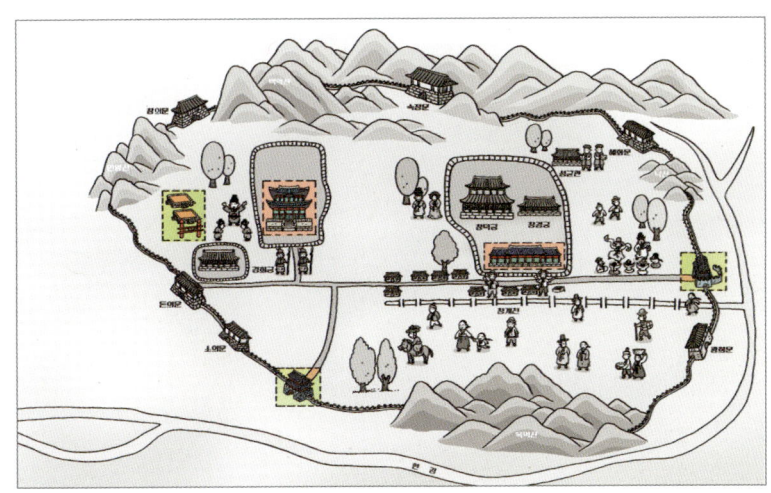

〈사진 제공〉

간송미술관, 경주시, 국립경주박물관, 국립김해박물관, 국립중앙박물관, 리베르스쿨 출판사, 국가유산청, 문화콘텐츠닷컴, 북앤포토, 서울대학교박물관, 서울연구데이터서비스, 이미지클릭, 퍼블릭도메인, 《한국민족문화대백과》, Lawinc82/Wikipedia

용선생 처음 한국사 1 : 선사 시대 ~ 조선 전기

1판 1쇄 발행 2019년 1월 10일
1판 12쇄 발행 2024년 10월 25일

글 송용운, 정윤희, 이홍석, 박동명, 정상민
그림 뭉선생, 윤효식
캐릭터 이우일
어린이사업본부 이승필
편집 송용운, 김형겸, 오영인
마케팅 윤영채, 정하연, 안은지
경영지원 나연희, 주광근, 오민정, 정민희, 김수아, 김승현
표지 디자인 톡톡
본문 디자인 톡톡, 김성엽, 최한나
사진 북앤포토

펴낸이 윤철호
펴낸곳 ㈜사회평론
전화 02-326-1182
팩스 02-326-1626
주소 03993 서울시 마포구 월드컵북로6길 56 사평빌딩
E-mail sapyounghistory@sapyoung.com
용선생 클래스 yongclass.com
출판등록 1993년 10월 6일 제10-876호

ⓒ 사회평론, 2019

ISBN 979-11-6273-027-0 77900

- 이 책 내용의 일부나 전부를 다시 사용하려면 저작권자와 사회평론의 동의를 받아야 합니다.
- 잘못 만들어진 책은 구입하신 곳에서 바꾸어 드립니다.

KC마크는 이 제품이 공통안전기준에 적합하였음을 의미합니다.
아이들이 책의 모서리에 다치지 않게 주의하세요.
종이에 손을 베지 않도록 주의하세요.

- 이 책에 쓴 사진은 해당 사진을 보유하고 있는 단체와 저작권자의 허락을 받아 게재한 것입니다. 저작권자를 찾지 못하여 게재 허락을 받지 못한 사진은 저작권자를 확인하는 대로 게재 허락을 받고, 출판사 통상 기준에 따라 사용료를 지불하겠습니다.